이 세상
　　살지 말고
　영원한 행복의 나라
　　가서 살자

―

인간 완성은 자기 마음을 다 빼면 신인 세상의
마음이 되어 지혜가 있어 잘살 수가 있고 그 마음인
영혼이 또 영원히 살 수가 있을 것이다

이 세상 살지 말고 영원한 행복의 나라 가서 살자
우 명 지음

1판 1쇄 발행   2011년 6월 28일
1판 33쇄 발행 2024년 4월 22일

펴낸이	최창희
펴낸곳	참출판사(주)
	03969 서울시 마포구 성미산로3길 67
대표전화	(02)325-4192
팩스	(02)325-1569
이메일	chambooks@hanmail.net
등록	2000년 12월 29일, 제13-1147

ISBN 978-89-87523-23-1 03810
값 18,500원

글·그림 저작권자 ⓒ 2011 우 명
이 책의 저작권은 저자에게 있습니다.
서자와 출판사의 허락 없이 내용 외 일부를 인용하거나 발췌 및 전재하는 것을 금합니다. 저자와의 협의에 의해 인지는 생략합니다.
Copyright ⓒ 2011 Woo Myung.
All rights reserved including the rights of reproduction in whole or in part in any form. Printed in Seoul, Korea

이 세상
살지 말고
영원한 행복의 나라
가서 살자

우 명 지음

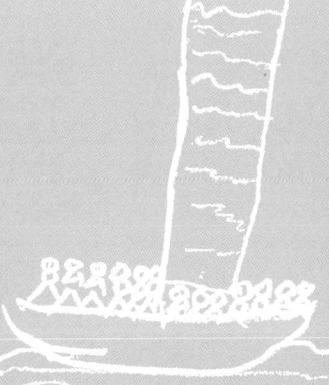

참출판사

우 명 禹明

마음수련 명상의 창시자이며 인간 완성의 철학과 방법을 알려온 철학가, 강연가, 저술가이다. 삶과 존재에 대한 깊은 성찰 끝에 진리가 된 후, 사람들이 진리가 될 수 있도록 가르치는 데 헌신해왔다.

저서 〈이 세상 살지 말고 영원한 행복의 나라 가서 살자〉 영문판은 아마존 베스트셀러 종합 1위를 기록하였으며 다수의 철학 분야 도서상을 수상했다. 〈진짜가 되는 곳이 진짜다〉 영문판은 미국 에릭 호퍼 어워드에서 수여하는 '몽테뉴 메달'(2014)을 한국인으로서는 처음 수상했다.

〈하나님 부처님 알라를 만나는 방법〉은 미국에서 영역본 〈How to Have a Meeting with God, Buddha, Allah〉가 먼저 출간되었고 월스트리트저널, 반스앤노블 베스트셀러 종합 1위, 아마존닷컴 철학 영성 분야 베스트셀러 1위, USA투데이 베스트셀러에 올랐다. 〈살아서 천국 극락 낙원에 가는 방법〉 또한 영문 〈How to Go and Live in Heaven, Paradise, and the Land of Bliss while Living〉이 먼저 발행되며 화제가 되었다.

이외에도 〈살아서 하늘사람 되는 방법〉 〈세상 너머의 세상〉 〈하늘의 소리로 듣는 지혜의 서〉 등 진리에 관한 저서 십여 권을 출간했다. 우 명 선생의 저서들은 영어, 스페인어, 프랑스어, 이탈리아어, 스웨덴어, 헝가리어, 포르투갈어, 일본어 등 세계 여러 언어로 번역, 출간되고 있다.

차례

- 머리말 10

첫 번째 이야기 인간이 이 세상 나서 사는 이유

- 허망에서 희망으로 17 ■ 깨침이란 19 ■ 세상이 하나임 아는 것은 20 ■ 순리의 시대 22 ■ 인간이 이 세상 나서 사는 이유 24 ■ 인간은 이 세상인 지구에서 태어나 살고부터 26 ■ '살아 있음'이란 28 ■ 신이란 29 ■ 창조란 1 31 ■ 진리의 정의 32 ■ 그대는 저승을 알고 가는가 34 ■ 살아 있을 때 죽지 않고 어떻게 죽는가 36 ■ 죽은 자가 산 자이고 산 자가 죽은 자라 37 ■ 허와 실 39 ■ 예수님을 맞이할 줄 모르는 사람들 40 ■ 참회는 자기 속의 참마음인 하나님에게 해야 한다 42 ■ 천극락은 어디에 있는가 44 ■ 창조란 2 48 ■ 사람이 세상에 살고 있지 않아 사람은 참이 아닌 허라 죽어 있다 50 ■ 인간의 영혼 52 ■ 본래에서 와서 본래로 다시 돌아가는 것이 세상 이치다 53 ■ 창조주와 인간과의 관계 55 ■ 하나님의 은혜는 말씀이 아닌 지혜다 57 ■ 종교 59 ■ 성인들이 말씀하신 경들이 안 들리고 이해가 안 되는 것은 62 ■ 인간의 중요성 64 ■ 인간은 죽고 마느냐 영원히 사느냐의 운명에 놓였다 66 ■ 사람의 마음 안에 하나님 부처님이 있고 천극락 있다 68 ■ 전쟁이 없고 모두가 자기반성인 회개하여 모두가 하나인 마음이 되는 때다 70 ■ 진리가 무엇이며 진리의 존재가 무엇인가 71 ■ 이상주의(理想主義) 74 ■ 본바닥의 주인이 사람으로 왔을 때 구원이 이루어진다 76 ■ 인간 완성을 이루는 빼기의 시대가 열렸다 79

두 번째 이야기 인간의 마음

■ 마음은 없는 무(無)인가 85   ■ 사람은 허기인 마음을 가져 허기진 마음에 무엇이든지 먹으려고 한다 86   ■ 세상 사람은 모두가 거짓말쟁이 88   ■ 우리는 잘못 살고 있다 90   ■ 말이 씨가 된다는 말은 93   ■ 인간마음 너머의 신의 마음 94   ■ 인간의 마음 97   ■ 사람의 마음 따라 간다 사람의 마음속에 허가 든 자는 허 따라 가고 참 찾는 자 참 따라 간다 99   ■ 사람은 구세주가 와도 가도 모른다 102   ■ 열등의식 104   ■ 자기를 가지고 자기가 깨치고 이루려는 자는 이루지 못한다 자기가 잘못된 허인 존재임 알고 자기를 참으로 버리는 자는 버린 만큼 깨치고 참이 될 수 있다 107   ■ 마음에 가진 만큼 말하고 행한다 110   ■ 도 하는 이들 112   ■ 잘못 알고 있는 도 114   ■ 사람은 모두 죽고 만다 살아서 진짜인 참이 안 된 자는 모두 죽고 만다 118   ■ 죽어봐야 저승을 알 수가 있지 120   ■ 천국 극락은 무엇인가, 지옥은 무엇인가 122   ■ 영혼의 유무 124   ■ 영원히 사는 것은 물질이 아니고 영혼이다 125   ■ 세상의 이치 127   ■ 죽는 것이 사는 것이고 사는 것이 죽는 것이다 129   ■ 거듭남, 다시 남 131   ■ 지옥 가는 자, 천국 가는 자 133   ■ 인간은 가지어 이루려고 하나 가짐에는 이루어지는 것이 하나도 없다 135   ■ 빙의란 137   ■ 망상의 하나님과 전지전능 139   ■ 속지 마라, 사람에게는 저승은 없다 사람은 죽으면 없어진다 142   ■ 기적 144   ■ 사람이 잘못 알고 있는 것들 147   ■ 우주의 본질 151   ■ 미륵이 도리천서 오고 하늘서 구세주가 온다는 뜻은 153   ■ 생명이란 155   ■ 하나님 부처님의 존재 157   ■ 마음이란 160

세 번째 이야기 인간세상 너머의 신의 세상

▪ 말로만 진리를 하던 시대에서 이제는 되는 시대다 167 ▪ 내 안에서 진리의 원래와 천국 찾자 169 ▪ 구원이란 자기가 사는 것이 아니다 170 ▪ 부활이란 또 거듭나고 다시 남이란 171 ▪ 해인과 인친자가 산다는 뜻 173 ▪ 믿음이란 175 ▪ 원수가 사랑이 되는 경지 177 ▪ 자기의 뜻에 살면 자기는 죽고 진리의 뜻에 살면 참 자기가 산다 178 ▪ 자비 사랑 인이란 179 ▪ 인간세상 너머의 신의 세상 1 181 ▪ 살아서 천국 극락 가자 185 ▪ 인간 완성의 대안 187 ▪ 진리이신 창조주만이 가짜인 우리를 죽여줄 수가 있다 189 ▪ 구세주인 진리가 오면 무엇을 할까 190 ▪ 성령으로 거듭난다는 뜻 192 ▪ 우주의 완성이란, 이 세상의 완성이란 195 ▪ 우주의 완성은 본바닥의 주인인 사람이 한다 197 ▪ 새 하늘과 새 땅이란 199 ▪ 하늘의 뜻 202 ▪ 구세주는 하늘서 온다 미륵부처님은 도리천서 온다는 뜻은 205 ▪ 성인들의 말씀들 207 ▪ 성인의 시대 209 ▪ 세상 종말, 말세의 정의 211 ▪ 영생 사상 212 ▪ 영생의 바른 뜻 214 ▪ 죽으면 그 나라의 왕이 된다는 뜻 217 ▪ 인간세상 너머의 신의 세상 2 219 ▪ 이상문학과 이상세계 222 ▪ 전인교육의 시대 225 ▪ 이제야 제대로 올 것이 왔구나 228 ▪ 우리나라가 세상의 으뜸국이 되고 종주국이 된다고 예로부터 많은 이야기를 해왔다 231 ▪ 인류가 사는 대안 232 ▪ 대한민국이 정신의 으뜸국이다 234

네 번째 이야기 _ 시 영원한 세상

- 인간마음 241　- 세월 밖의 세상 242　- 자연의 마음 243
- 마음 이전의 마음 246　- 시때인 철에 들어라 249　- 헛꿈의 세상 251　- 허망한 인간의 삶 255　- 흘러간 청춘 시 256
- 겨울 산행 259　- 참이 와도 가도 사람은 모른다 262　- 산 세상 가자 265　- 진리를 보는 자가 세상에 없는 이유 267　- 진짜가 되는 곳이 진짜다 말해도 들리지가 않구나 269　- 본고향 272　- 나의 뜻 274　- 지난 저 세상서 먹은 술 278　- 옛 추억 284　- 뉴욕의 봄 285　- 천지개벽의 시대 288
- 참사람의 영혼은 참인 사람이 낳는다 293　- 죽음이 없는 세상 주인의 세상 294　- 영원히 없어지고 말겠느냐 영생불사신이 되어 살겠느냐 297　- 영원한 세상 301

다섯 번째 이야기 _시 살아 있는 빈 하늘

- 천지만상은 307   - 참과 허란 308   - 헛인생 삶 309   - 물 313   - 자기 속서 찾자 315   - 꿈꾸지 마라 319   - 덧없는 인생 324   - 세상은 넓고 인간 삶이 한정되어 있다 326   - 인간의 한세상 세상의 한세상 329   - 꿈꾸는 인생과 빈 하늘 332   - 젊은 날 섬 일주 337   - 이것 하러 세상 왔지 343   - 참의 주인이 없어 죽은 자들 347   - 마귀 349   - 사람과 귀신의 정의 350   - 귀신 잡으러 귀신세계에 온 세상 사람 351   - 살아 있는 빈 하늘 354   - 하느님의 뜻 357   - 살아 있다고 생각하는 것이 꿈이다 세월의 악마에 잡아먹히기 전에 자기를 살려라 361   - 벗이었던 술 365   - 많은 사람들 369   - 완성의 나라 데려가는 자가 완성자다 371   - 새 시대 373

- 맺음말 376

| 머리말

세계 각 곳을 다니다 보면 세상의 사람들은 사는 곳마다 언어도 다르고 풍습도 다르나, 삶에서 먹고사는 것은 모두가 하나이다. 그들은 모두가 갈 곳도 모르고 무엇을 위하여 살고 왜 살고 왜 죽어야 하는지를 인간은 풀지 못하는 것이라서 사람들은 그런 생각을 하지 않고 사는 것같이 보인다.

나는 세계의 영성 지도자 모임이나 종교 지도자와 유엔과 정치 지도자들이 모인 여러 자리에서, 또 세계인에게 연설하거나 세미나와 담화를 하면서 종교도 수만 가지의 종파가 있고, 정치도 사상도 서로 다른 것은 그것이 미완성인 인간의 마음에서 나온 생각과 제도이기 때문인데, 사람이 완성이 되면 종교도 넘어서고 모든 사상 정치 학문 철학이 지금의 것을 넘어선 완성인 참이 되면 모두가 하나인 세상이 될 수가 있다고 연설과 말을 한다.

사람의 마음을 신이고 진리인 우주의 마음으로 바꾸고, 이 우주에서 다시 창조가 되면, 죽지 않는 불사신이라 완성이 될 수가 있다고 한다. 그러면 모두가 공감을 한다.

이제는 사람의 마음에 가짜인 헛것을 집어만 넣던 시대에서, 집어먹은 마음을 다 버리고 우주의 마음이 되어 다시 나 영원히 사는 때가 왔다.

인간 완성의 방법을 마음수련이 가지고 있어 세상의 사람들은 이 방법으로 완성이 될 수 있고 헛된 마음을 없애어 참마음인 진리로 다시 나 사니 모두가 하나가 될 수 있다.

그것이 실제가 되느냐고 사람들이 질문을 해오면 이미 실현되었고 많은 이가 완성이 되었다고 나는 이야기한다. 사람이 자기의 무거운 짐을 벗어던지고 스트레스가 없으니 건강해지고 모두가 성인이 되는 시대가 지금인 것이다.

그 대안으로 미완성 시대는 마음에 더하기만 하던 시대였고, 이제 마음에 빼기를 하면 진리이고 본심인 우주가 된다고 말하면 모두가 긍정을 한다. 이 우주에서 다시 나면 여기가 영생천극락이고 죽지 않는 완성의 세상에서 영원히 살 수 있다고 연설과 담화를 하면 이 말을 듣고 마음 버리기 공부를 하는 이가 많다.

허상인 사람 개인의 마음에서 벗어나 대우주의 마음에서 보면 세상의 이치를 다 알 것이 아닌가. 또 영원한 우주의 몸 마음으로 다시 나 죽지 말고 영원히 살아야 하지 않겠는가.

물질문명이 고도로 발달된 지금의 시대에서 앞으로의 새 세상은 참 정신이 새 세상에 펼쳐져 이 땅 이곳에 살아서 천극락이 실현되어지는 때라.

대한민국은 세상의 스승의 국이고 새 세상의 부모의 국이고 정신의 주된 나라라고, 말로만 전해지던 것이 실현이 되고 있다. 이 말을 믿고 마음수련을 하는 자는 새 천극락에 날 것이고 죽지 않고 영원히 살 것이다.

진리를 말로만 듣던 시대에서 이제는 누구나 성인인 성자가 되는 시대라. 사람이 해야 할 것은 완성인 참이 되어 불사신이 되는 것이다. 자기가 사는 것보다 더 중요한 것은 없고 이것이 세상에서 가장 중요한 것이다.

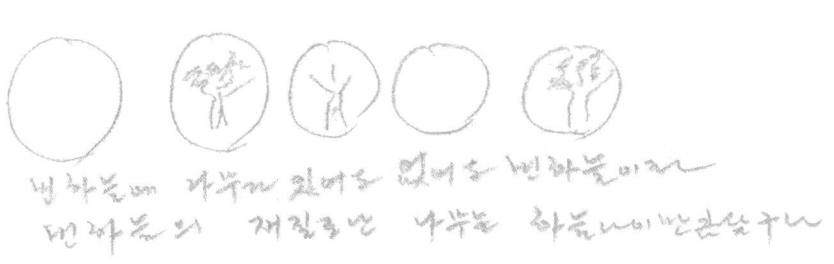

빈하늘에 나무가 있어도 없어도 빈하늘이고
먼하늘의 재잘대는 나무는 하늘나비반찬닮구나

빈하늘에 새상이 있어도 없어도 빈하늘은뭐다
빈하늘 재잘대는 새상도 봐~~ 사랑도 있~~

첫 번째 이야기

인간이 이 세상 나서 사는 이유

인간이 사는 이유와 목적은 영원히 죽지 않고 완성된 나라 사는 것이 목적이다. 인간이 이 나라 살기 위해서는 자기가 가짜임 알고 또 가짜의 나라 사는 것을 알고 허인 이 나라를 없애버리고 참에 다시 나야, 참의 재질로 다시 나야 영원히 있을 것이다. 살아서 자기의 마음이 참의 존재인 본바닥에 가서 참인 그 존재의 몸 마음으로 다시 난 자가 본정신 차린 자라. 자기의 마음의 나라에 살아서 다시 나고 거듭나고 부활이 된 자는 자기의 몸이 죽어도 그 존재는 살아 있을 것이라. 본문 중에서

허망에서 희망으로

그 옛날 한 옛날에도 사람이 살았지. 수없는 사람이 이 땅에 살다가 소리도 흔적도 없이 어디론가 사라지고 없어졌구나. 그러고 보니 뜻과 의미가 없는 인생사에 수많은 이가 고뇌하고 현실에 집착하고 가지려는 고통 속서 살다가 흔적이 없으니 삶의 의의와 뜻이 없구나.

인간이 영원히 살고 인간이 고통과 짐에서 벗어나는 것은 살아서 죽어봐야 참 자기를 찾을 수가 있을 것이라. 참 자기는 인간이 죽고 신으로 다시 남이라.

세상도 가고 인간도 모두가 떠나가도 남는 것은 살아 있는 형체도 없고 맛도 냄새도 보고 듣는 것 감각도 없는 그 마음이 끊어진 본바닥만이 남아 있고 이 본바닥에서 다시 나면, 인간은 세상은 영원불사신 되어 세상도 나도 죽지 않는 신이 되어 살아 있는 것이라.

가짜를 버리고 진짜가 되는 길만이 사는 길이라. 사람들이 가짜를 두고 진짜가 되려고 하나 가짜는 버려야 진짜가 될 수가 있는 이치를 아는 자도 드물다. 그 가짜에 집착이 너무 심하여 그 속서 참 찾으니 참은 가짜 속에는 없다는 사실을 모르는 것이 어리석음이다. 가짜는 버리고 진짜만 남아 진짜로 다시 나는 것만이 정답일 것이다.

깨침이란

이 세상에는 허와 참이 있다. 허란 세상의 것을 복사하여 사는 인간의 마음이고 참은 세상이다. 인간은 세상의 마음과 하나가 되어 있지 않고 세상을 사진 찍어 겹쳐진 세상과 함께 사나 분명한 것은 인간은 자기의 마음속에 산다는 것이다. 그 마음속에 진리인 세상의 마음이 들어온 만큼 알아지는 것이 깨침이다.

　인간의 마음이 허상인 사진이기에 그 사진을 버린 만큼 참이 들어와 알아지는 것이 깨침이다. 자기가 회개를 할 때만 깨침이 있고 또 참의 자리인 완성의 자리에 갈 수가 있다. 때 묻은 옷자락처럼 씻은 만큼 본래의 옷으로 돌아가는 이치다. 지우개로 낙서를 지운 만큼 깨끗한 종이만 남듯, 깨끗할 때 참인 종이를 아는 것과 같다.

세상이 하나임 아는 것은

 이 세상은 하나이나 인간의 마음이 수만 가지로 보는 것은 인간의 마음이 수만 가지여서라. 인간의 마음은 원래가 미완성인 인간의 자식으로부터 태어나 완성인 세상의 것을 자기 마음속에 눈, 코, 귀, 입, 몸에 의하여 사진을 찍어왔다.
 세상과 겹쳐진 이 마음의 세계는 인간이 만든 세상, 복사된 세상이다. 허상의 그 세상 속에 허상을 만들어가며 살고 있는 것이 인간이다. 그러기에 '마음이 가난한 자는 복이 있나니 천국이 저희 것이다'고 하는 것은 이 거짓인 자기의 마음을 다 버리면 바로 천국인 참세상이 자기 것이 된다는 뜻이다.
 마음을 비우라, 닦으라는 말도 이 거짓의 마음인 세상의 적인, 본래를 등진 이 마음을 버리고 죽이라는 것이다. 이 마음은 자기 편협적이고 이기적인 마음으로 자기중심적이어서 이 것이다 저것이다가 있고, 맞다 안 맞다, 틀렸다 옳다가 있고, 좋고 나쁘고가 있고, 산다 죽는다, 내 것이다 아니다가 있고, 원수가 있고 사랑하는 자가 있다. 이 마음은 허의 마음인 사진이 그 주인이 되어 살아가고 있기에 인간은 가짜의 자식으로 태어나서 가짜의 세계에 살다가 없는 가짜세계로 가니 죽어 버리고 마는 것이라.

　이 인간이 완성이 되려면 가짜세계를 버리고 이 세상의 지구, 달, 별, 태양을 버리고 공기 중 물질마저 없애면 그 자리가 바로 하나님 부처님 한얼님의 자리인 창조주의 자리다. 이 자리에서 보면 천지 일체가 있어도 본바닥인 이 자리요 없어도 본바닥인 이 자리다.

　그래서 인간은 마음이 세상과 하나가 되어 있지 않기에 자기 마음에서 보면 수만 가지가 있는 세상이고, 근원인 본래 자리에서 보면 세상은 하나인 것이다. 천지만물이 없어도 하나요 천지만물이 있어도 하나이다. 이것은 그 마음이 본래로 돌아가 그 마음이 참마음이 된 자만 알 것이다.

순리의 시대

순리라 하면 대자연의 삶이고 진리의 삶이 순리의 삶이다. 순리란 어거지가 없고 그 마음이 없어 되어지는 대로 사는 삶이다. 우리는 흔히들 되어지는 대로 산다고 하면 막 살아가는 것인 줄 아나 모든 행을 하되 부딪치고 걸림이 없이 사는 삶이다. 이 말은 그 마음이 자연심이 되어서이다.

이 세상인 자연은 우리에게 산소도 주고 물도 주고 온갖 것을 다 주어도 그 마음이 없기에 그러한 것처럼 세상 사람에게 우리는 해도 한 바가 없고 자연의 마음이 되어 사는 것이 참사랑이고 참 정인 것이다. 참사랑과 참 정은 상대에게 기대함이 없고 세상인 자연이 주듯이 그저 주는 것만이 참사랑 참 정일 것이다.

세상에 있는 사람의 마음이 이렇게 살면 얼마나 자유롭겠는가. 부딪치고 걸림이 없으며 서로를 신뢰하고 나보다 남을 사랑하니 세상 살맛이 날 것이다. 인간의 마음이 신의 마음이 되어 순리의 삶 살 것이다.

지금은 인간 완성이 되는 때이고 지금은 순리의 시대이고 지금은 한 세상이 되는 때이다. 모두가 한마음인 바른 마음인 신의 마음이 되는 때이다. 그래서 순리의 삶 살 때다. 이것이 순리 시대다.

인간이 이 세상 나서 사는 이유

이 세상에는 수많은 사람들이 왔다가 갔다. 왔다가 간 곳을 아는 이는 세상에 없다. 간 모든 이들은 어쨌든 세상에서는 없어졌다. 하루살이가 이 세상에 왔다가 간 것이나 인간이 칠십 팔십 평생 살다가 간 것과 무엇이 다르겠는가. 우주에서 보면 아무 의미가 없이 살다가 간 사람들이 덧없는 인생이었다. 그들만이 삶 속에서 수많은 사연만 안고 가지 않았는가. 흘러간 세월 후에 그것을 생각하여 보니 뜻과 의미가 하나도 없는 것이라.

조물주가 인간을 창조하실 때 자기를 닮게 만들었고, 인간은 조물주의 나라에 있는 것을 복사하여 자기중심의 세계를 만들었다. 그리하여 인류의 문명은 발전하였으나 인간은 본성을 잃고 자기중심적으로 살아온 것이라.

인간의 욕심으로 많은 인간의 씨가 세상에 퍼져 살고 이 인간의 씨가 세상을 채울 때 조물주가 세상에 와서 인간을 구원하게 되는 것이라. 인간이 욕심이 없이 살았더라면 인간은 이 세상에서 도태가 되어 없어졌을 것이다. 인간이 세상에 산다는 것은 하루살이처럼 의미와 뜻이 없는 것이라. 인간의 많은 씨가 세상에 퍼졌을 때 수가 많을 때 추수를 하는 것이 추수를 많이 할 수가 있지 않는가. 지금은 추수의 때이라. 이때에 인간이 한만 안고 이 세상 살다가 죽을 것이 아니고 신의 마음과 하나가 되어 신의 나라에 영원히 살아야 하지 않겠는가. 인간이 세상 난 이유와 목적은 영원히 살기 위함이 아니겠는가.

아무런 의미가 없이 연기처럼 사라지는 인간들이여. 한번 자기를 깊이 생각하여 영원히 사는 나라에 우리 함께 가서 영원히 살아야 하지 않겠는가.

인간의 삶에는 의미가 없고 인간의 삶에는 아무런 남음이 없고 인간의 삶에는 사라지는 것밖에 없으나, 대자대비 하나님 한얼님 부처님이 세상에 와서 사라지는 인간을 살아 있는 진리의 나라 데리고 가는 것이, 자기의 가진 마음을 닦아 신의 마음으로 바꾸어 세상의 인간을 신의 마음에 다시 나게 하여 인간도 살리는 때가 바로 지금이 아닌가. 모두가 이것보다 더 중한 것이 세상에 있겠는가. 이것 하러 세상 오지 않았는가.

인간은 이 세상인
지구에서 태어나 살고부터

 인간은 이 세상인 지구에서 태어나 살고부터 이때까지 수없는 세월 속 살면서 수많은 고뇌와 번뇌를 죽이고 살리며 자기 것을 만들려고 수없는 노력을 하여 왔다.
 세월이 가도 와도 아련한 이야기가 이 세상이 아닌 살기가 좋은 평화의 나라가 있다고는 하나 이것은 하나의 추상적이고 관념적인 나라이어서 이곳을 아는 자가 세상에 없었다. 수많은 이는 이곳의 나라 찾기 위해 알토란 같은 젊음을 불사르고 또 수많은 이가 각 종교에서 찾으려 했으나 사람들은 이곳을 찾지 못했다. 허풍 치고 지나간 도인의 말들이 마치 이룬 것처럼 이야기하나 이룬 자가 있다면 이루었던 방법이 있을 것이다. 그러나 그 방법이 없으면 모두가 허풍이 아닌가.
 캄캄한 세상에 아쉬운 한숨만 오가다가 이루지 못한 이가 그 수가 얼마인가. 이룬 자가 없었기에 딴 사람을 이루게 하는 방법이 없었고 말로만 진리를 이야기하던 시대가 아니었던가. 각 종교가 그러하고 사람이 이루었다고 하는 모든 것이 그러하지 않았던가. 말로만 하던 시대에서 이제는 진리가 되는 시대라. 허상인 자기의 마음속에 더하기만 하던 시대에서 이제는 빼기하는 시대다.

'살아 있음'이란

사람들은 이 세상 나 있는 것은 살아 있고 나 있지 않은 것은 또 없어진 것은 죽었다고 생각을 하나 사람들이 죽어 있는 존재다. 사람들은 영원한 세상의 마음과 하나가 되어 있지 않고 자기의 마음에 갇혀, 다시 말하면 자기의 마음의 세계인 허상 세계에서 살아온 오만 것들을 사진 찍어 만든 자기의 관념 관습 속에서 죽어 있는 것이다.

 세상을 자기 속에, 세상에서 생긴 모든 것들을 자기 속에 가져서 허상을 만들고 또 앞으로도 그 허상을 만들어 산다. 그 허상 안에 살기에 사람은 생각하고 사고하는 것이 허상이고 사람이 살아 있다는 관념의 사고도 허라 맞지가 않다. 세상의 일체를 사람의 입장에서 보면 맞는 것이 하나도 없다. 단지 참 인 세상의 입장에서 보면 사람은 죽으면 영원히 죽어 버리고 말 것이다. 그러나 진리인 세상에 나 있어야 죽음이 없는 산 자가 될 것이다. 산 것이란 세상에 나 있는 것이고 죽은 것이란 세상에 없는 것이 죽은 것이다.

신이란

우리는 신과 함께 살고 있지만 가짜인 인간마음 속에 살고 있는 사람은 그 허상인 가짜의 마음만 가지고 있다. 신의 마음이 인간마음에는 없기에 인간은 신의 마음을 알지 못한다. 참세상인 이 세상에는 있는 것과 없는 허공인 일체가 신이나, 인간은 이 세상에 살고 있지 않고 세상을 복사한 복사지 속 살기에 신을 보지도 알지도 못한다.

　신이란 이 세상의 일체가 신이고, 이 세상의 일체의 근원인 본바닥이, 천지 만물만상이 나기 이전의 자리인 우주에서 물체인 형상 일체를 뺀 자리가 근원이고 본래이고 창조주라.

　이 자리에 있는 존재가 정과 신인 영과 혼이 존재하고 이 존재가 신인 것이다.

　이 존재는 천지 만물만상이 있어도 없어도 스스로 존재하고 시작 이전에도 이후에도 스스로 존재하는 진리의 존재이다. 이 존재는 물질이 아닌 비물질적 실체로서 이 자체의 마음이 된 자만 알 수가 있고 볼 수가 있다.

신이 천지의 주인이고 이 세상에 있는 천지의 만물만상은 신이고 신의 자식이라. 신은 영생불멸의 살아 있는 진리의 존재다. 이 존재가 사람으로 올 때 이 천지가 이 신의 나라에 나서 영원히 살고 세상이 이 존재의 나라 나서 사니 이것이 천극락인 것이다. 신은 살아 있으나 인간의 관념 관습을 벗어난 자리다.

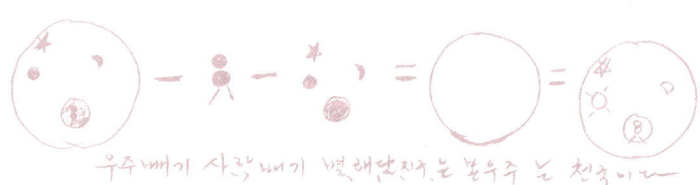

창조란 1

창조라는 것은 물질 창조 정신 창조가 있다. 물질 창조는 이 세상의 하늘에 천체가 있고 지구에 땅과 물과 온도와 바람이 있어 그것이 맞는 조건에서 삼라만상의 형상 일체가 나타나는 것이라. 그러나 본바닥인 창조주의 입장에서 보면 창조주가 창조한 것이라.

 이 세상의 만상은 창조주이신 본래에서 와서 물질이 없어지면 창조주 자체로 돌아감이 자연의 이치라. 그 자연이 결실기가 되어 이 창조주 자체가 정신으로 나게 하는 때도 있을 것이다. 이 말은 본래 존재의 나라에 나게 해야 진리인 본래 존재로 살 수가 있으며, 이때가 바로 가짜를 버리고 진짜가 되는 시대인 것이다. 이것이 정신 창조인 것이다.

진리의 정의

 진리의 바른 뜻은, 진리란 영원불변하고 살아 있는 존재가 진리다. 영원불변하고 살아 있는 존재란 대우주 이전의 우주인 정과 신이다. 이 존재는 하늘 이전의 하늘이다. 하늘 이전의 하늘이란 대우주 자체의 빈 공간인 하늘인 이 존재가 진리의 존재다. 이 존재는 대우주의 영과 혼 자체다.
 이 존재는 비물질적인 실체라. 이 천지 만물만상 속 스스로 존재하는 존재다. 이 존재는 만물만상의 근원이고 근본이다. 이 존재는 없으나 있는 것이고 있으나 형체가 없는 것이다. 이 존재는 인간마음에서는 보고 알 수 있는 것이 아니고 인간마음 너머에 그 마음이 이 존재가 된 자만 알 수가 있다. 이 존재의 영혼으로 다시 나면 인간도 진리라 영생불멸할 것이다.
 이 존재는 우주 자체로 그냥 있으나 수많은 천체와 만물이 와도 안 와도 그냥 있고 가도 그 자체로 존재하는 진리인 불사신인 정과 신이며 이것이 진리다. 이 자체의 나라에 영혼이 거듭 다시 나지 않고는 영원한 것이라고는 아무것도 없다. 물질의 근원인 영혼의 나라에 영혼으로 다시 나는 것이 우주의 완성이고 또 진리가 되는 것이다.

그대는 저승을 알고 가는가

예로부터 저승에 관하여 많은 이들이 이야기를 하여 왔다. 불교에서는 인연 따라 업 따라 간다고 하고 또 좋은 일을 한 자는 극락에 가고 나쁜 이는 지옥에 간다고 한다. 기독교에서는 착한 일을 하고 예수님을 믿는 자는 천국 가고 예수를 믿지 않고 악한 자는 지옥 간다고 한다.

이따금씩 주위에 사람이 죽어 상가에 가보면 각 종교의 형식대로 장례를 치르나 사람들은 가까운 사람이 죽었을 때 명확히 어디로 갔는지 아는 자가 세상에는 없다. 그래서 주위에서 또는 상가에서 일반인들이 하는 이야기를 들어보면, '사람들이 죽으면 어디로 가는가'라는 말이 오가면, 자기가 믿고 있는 종교의 경에서 말한 대로 이야기하는 사람들이 있고 무종교자는 죽으면 없어진다는 말을 하는 사람도 있었다.

우리가 인간에 관하여 제대로 알면 이해하기가 쉬울 것이다. 우리 인간은 이 세상에 태어나면서부터 이 세상을 사진 찍고 자기의 하는 일과 가족 자식에 관하여 원수 돈 사랑 명

예까지 자기가 산 삶의 일체를 사진 찍어 왔다. 이 사람은 세상과 자기의 마음세계가 겹쳐져서 자기가 마음세계에 사는 줄 모르고 세상 사는 줄로 착각하고 산다. 세상인이 아닌 자기의 마음세계의 사람이다. 자기 마음속서 갈등도 하고 사랑하고 미워하고 좋고 나쁘고는 자기의 마음이고 인간은 자기의 열등의식을 이루려고 한다.

 자기의 마음세계의 사람은 이것이 허고 없는 망상의 세계라 인간은 죽으면 망상의 세계에서 영원히 죽고 만다. 다시 말하면 인간은 자기가 지은 업과 인연에 따라가지만 이것은 세상에도 없는 망상의 세계다. 이것이 지옥인 것이다.

 이 세상에 있었던 물체는 본래인 진리에서 와서 진리로 되돌아감이 세상의 이치이나 이 세상 사는 사람은 모두 자기가 만든 마음세계에 가서 죽고 만다. 참 삶이란 자기의 마음세계를 부수고 진리인 본래이고 창조주인 본바닥에 되돌아가서 여기서 나야 인간은 영원히 살 수가 있는 것이다. 이것이 천국이나 사람은 의인이 없기에 자기를 회개 참회 하지 않고는 다 죽고 만다. 참인 세상에 없는 꿈이 되고 마는 것이다. 사는 자란 세상의 근원인 진리의 영혼이 난 자만 살 것이다. 사람들은 세상의 영혼이 없어 죽고 만다. 회개하고 참회하여 진리인 본바닥에 가서 그 영혼이 부활된 자는 영원히 살 것이다.

살아 있을 때 죽지 않고 어떻게 죽는가

내가 태어나기 이전에도 이 우주의 물질이 없는 하늘은 있었고, 내가 태어나지 않아도 있고 태어나도 있는 것이라. 나는 본래이고 주인이신 이 존재를 저버리고 이 존재의 마음이 아닌 나의 마음의 세계에서, 일생의 삶이 꿈인 나의 꿈속의 삶을 살았던 것이다. 일생 동안 산 이 꿈을 다 버리고 꿈속에 있는 나를 버리면 나가 없어지니 다 죽은 것이다. 자기가 없고 본바닥만 남으니 이것이 죽은 것이다. 인간이 살면서 자기가 죄업 가진 것과 자기가 없고 본래로 되돌아감이 죽음이다.

살아 있을 때 다 죽을 수가 있고 죽으면 죽어 버리니 살아서 죽어 다시 나야 하는 것이라. 죽음이란 가짜인 자기가 없는 것이고 진짜 죽으면 진짜에 가서 난 자가 인간 완성자인 신 된 자다. 몸과 마음은 살아서만 다 죽을 수가 있다.

죽은 자가 산 자이고 산 자가 죽은 자라

인간은 자기가 살아 있다고 생각을 하고 살고 그대로 죽으면 종교를 믿는 자들은 천극락에 간다고 믿고 산다. 그러나 인간이란 그 본질이 하나님을 닮은 하나님의 나라를 모조한 나라인 모조품의 나라에 살고 있어서, 인간은 하나님의 나라에 살지 않고 자기가 만든 마음의 세상에 살고 있는 것이라.

인간은 하나님을 배신하고 자기가 하나의 세계를 만들고 사는 것이라. 인간이 만든 이 세계는 세상인 하나님의 나라에는 없는 것이라. 인간세계는 하나님과는 적인 등진 세계라. 인간이 죄인인 것이라. 이 세계는 참인 하나님이신 본바닥에서 보면 없는 세계이고 이 세계는 자기만 가진, 생명이 없고 허상인 세계라. 이 세계는 인간이 자기의 마음세계에서 가진 가짜의 마음 따라 생각하고 사고하고 사는 것이라.

인간은 하나의 없는 존재인 미완성이라. 완성을 찾아 이루려고 종교도 있고 많은 이가 애쓰고 또 알토란 같은 청춘을 인생을 다 바쳐 찾으려 했으나 찾지 못하는 것은 미완성이 찾아도 미완성일 뿐이라.

　지구가 있고 수많은 것들이 있었지만 이 세상에 있었던 일체는 모두 다가 사라지고 말았다. 온 곳이 본바닥이요 갈 곳이 본바닥이라. 이것이 세상의 이치이나 인간은 이 뜻도 모르고 자기의 없는 꿈의 세상 살다 본래로 못 가고 허무하게 사라지고 말았다. 자기의 마음세계는 없는 사진의 세계라 세상에는 없다. 이 세계에 사는 사람들은 모두 다가 없어지고 말았다. 진리이고 하나님이신 참을 거역하고 인간이 만든 사진세계가 지옥이다. 사람은 사진 속에 살고 있는 것과 같고 또 비디오테이프 속에 살고 있는 것과 같은 것이라. 이 나라는 우리가 꿈을 꾼 것과 같이 깨고 보면 없는 세상이라.

　이 세상은 인간이 세상 살아오면서 가진, 자기의 눈, 코, 입, 귀, 몸에 의하여 사진을 찍은 세계라. 본바닥인 대우주에서 보면 인간이 세상 나 살다가 가는 것은 우주에는 없는 일 초도 아닌 꿈속에서 살다가 없어지고 마는 꿈이라. 옛인들이 꿈 같은 인생사, 부질없는 인생사, 부평초 인생사, 덧없는 인생사, 물거품 같은 인생사라고 말한 것도 이와 같기에 말한 것이라.

　가짜인 세계와 이 세계에 살고 있는 자기가 하늘에 부끄러운 줄 알고 자기를 버리고 죽이는 자는 하늘이 자기 것이 되고 이 나라 나서 사니, 죽으려고 하는 자는 살기에 죽은 자가 산 자이다. 산 자가 죽은 자란 실 아닌 허라 죽은 자인 것이다.

허와 실

 허란 없는 것이고 실이란 있음이다. 허란 자기가 만든 인간의 마음의 세상이 허이고 실이란 세상이라. 이 세상의 일체의 것들은 근원이고 본래이고 본바닥인 여기서 와서 여기로 되돌아가는 것이 세상의 이치이다.
 실이란 이 본바닥밖에는 실이 없는 것이다. 사람은 실인 세상을 자기 속에 사진을 찍어 그 속에 사니 사람은 죽어 있는 것이고 허인 것이다. 실이란, 세상에 있는 일체는 본바닥서 와서 있어도 본바닥이요 없어져도 본바닥이니 이것만이 실인 것이다.
 또 세상의 일체의 것들이 본바닥인 참세상에 실로 나야 이것이 있음인 실이라 영원히 죽지 않는 실이 될 것이다. 산 것이란 실이 산 것이고 허는 죽고 없는 것이다.

예수님을 맞이할 줄 모르는 사람들

이 세상의 사람들은 자기가 만든 마음의 세계 속서 살고 있기에 자기의 기준 잣대의 망상의 진리를 기다리고 그 진리가 자기만을 위하여 온다고 믿고 또 그에게 무엇인가 얻으려고만 하고, 구원이나 하시는 사랑의 인자한 예수님이 오신다고 믿고 있다. 예수님은 참이신 존재이고 이 존재는 그 마음이 창조주 하나님과 하나가 된 자이고 또 그 나라에 영혼이 난 자가 예수님이시다. 나는 사람들에게 저 다리 밑에 있는 거지가 머리에는 종기가 다 나 있고 또 이가 득실득실하고 때는 씻지 않아 수겹의 때가 피부에 있는 예수님이 불치병을 앓고 있다면 그 예수님을 자기 집에 모셔다가 목욕도 시키고 치료도 하여주고 그 예수님이 시키는 대로 할 수가 있는가를 물어보면 모두가 꺼리는 마음이 완연하다.

성경에 있듯이 처자와 전토를 버리고 자기마저 버릴 때 예수님을 맞이할 수가 있고 마음이 예수님과 하나가 되는 것이고 그것이 진정한 믿음이다. 사람들은 자기중심적인 이기적인 마음에 자기만을 위하여 사니, 가짜인 인간의 마음세계의 관념 관습을 버리게 하여 가짜를 진짜로 만들어 진짜나라에 가게 하시는 것은 대정이고 참사랑이시다. 가짜인 인간은 그냥 두고 그대로 천극락에 데리고 가는 줄 아나, 인간이 허를 가질 것 다 가지고 참 나라에 간다는 것은 이치에 맞지 않는 말이 아닌가.

　분명히 예수님은 허상인 사람에게 그 허상인 죄를 씻으려고 하면 인간이 가진 관념 관습 일체를 버리라고 하실 것이다. 예수님은 인간이 가장 싫어하는 것을 시켜 신의 마음으로 바꿀 것이고 자기가 좋아하는 것을 못 하게 하실 것이다. 이 말씀이 법이라 인간은 죽으라면 죽고 버리라면 버려야 할 것이다. 하지 말라고 하면 하지 말아야 할 것이고 이 일체를 다 버릴 때 다 넘어설 때 분명히 신의 마음이 될 수가 있을 것이다.

　예수님은 서른세 살 때 '아버지 아버지 나를 버리시나이까, 아버지의 뜻이면 죽겠나이다'고 하시며 죽음을 수용하여 신인 하나님을 자기 마음속에 받아들이시어 신의 마음 자체가 되신 분이시다. 이처럼 의를 자기보다 더 사랑하는 자만이 천국에 갈 수가 있다. 우리는 누구나 의를 위하여 지금 당장 예수님처럼 죽을 수 있는지 자기에게 물어보아 죽지 못하는 자는 죽고 말 것이다. 의의 나라가 없어 의의 영혼이 나지 않아 죽고 말 것이다.

참회는 자기 속의 참마음인 하나님에게 해야 한다

우리가 참회를 하는 것은 가짜인 세계에서 참인 실상의 세계에 가서 나기 위함이다. 가짜인 자기 마음을 버려서 참인 마음이 되게 하기 위함이다. 허상인 또 죄인인 자기를 버리고 참 자기가 되기 위하여 참회하는 것이다. 나 속에 있는 허를 버리는 것은 나의 마음속에 가짜인 죄를 버리는 것이다. 이것은 참만 남게 내 마음속에서 그 상이 없어질 때까지 버리는 것이다.

참회는 참마음인 하나님에게 그 죄가 없어질 때까지 하는 것이지 허상이고 가짜이고 귀신인 사람들끼리 하는 것은 공동 귀신이 되는 것이다. 그들은 그들의 마음속에서 패당의 귀신이 되는 것이다. 귀신이 참회를 해도 귀신인 것이다. 귀신의 마음속인 귀신세계서 참회하니 귀신인 것이다.

자기 속의 하나님께 하지 않고 인간의 마음속에 참회하면 많은 이들의 마음속에 그것이 있어 그들이 마음속에 그것을 가지고 있으니 그들은 그 망념을 가지고 또 다른 망념을 만들 것이다. 이것이 행이 되어 수많은 과오가 범해질 것이다. 이것이 의학적인 용어로는 공동 과대망상증이고 그 회개를 하는 주최자가 거짓인 자는 그 망상이 끝없이 거짓으로 이어지니 집단망상증에 든 자는 결국은 패망으로 치닫고 말 것이다. 이것보다도 세상에서는 위험한 것은 없다. 사람은 모두가 과대망상증인 미치광이가 되고 마는 것이다. 큰 사회의 현실적이지 못한 악이 되고 자기도 미친 줄 모르고 미친 이들이다.

천극락은 어디에 있는가

사람들은 죽음에 관하여 많이들 생각하고 또 궁금하게 생각하지만 그 의문을 해결하는 자가 없었다. 각 종교 서적에서는 부처님이 계시는 극락의 세계가 있다고 하고 기독교에서는 천국이 있다고 하고 종교마다 각처가 있다고 한다. 그러나 어느 말이 맞는지 사람들은 그 뜻을 풀 자가 없다.

그러나 천국은 있는 것이고 지옥은 없는 세상이라. 인간은 세상에 와서 한정된 시간 속에서 살기에 그 속에서 사느냐 죽느냐의 기로에 서 있지만 이것을 진정으로 아는 자가 세상에는 없는 것이라. 인간은 지혜인 앎이 없어 죽는지 사는지를 알지 못하기 때문인 것이라.

인간의 한세상인 지구와 땅에서 칠팔 십 평생을 살다가 간 수천 억의 사람들이 있지만 세상에서는 없어진 것만은 틀림이 없는 사실이나 이들이 간 곳이 있었다고 생각하는 이도 적지 않다.

아무튼 세상의 이치는, 나가 있는 것은 땅이 있어 있고 땅은 지구라는 바닥이 있어 있고, 지구와 하늘의 별 태양 달은 허공인 우주가 있어 있는 것이라. 이것이 본바닥인 것이라. 이 본바닥이 우주의 주인이시고 이 본바닥만이 진리인 것이다.

우리 인간은 이 세상에 나서 사는 것이 한낱 꿈을 꾸고 있는 것과 마찬가지인 것은 진리인, 태고 때부터 존재하고 영원히 존재하는 본바닥의 입장에서 보면 일 초도 안 되는 꿈을 꾸고 있는 것이다.

이 세상의 물질 이전의 자리인 본바닥이 진리이고 우주의 주인이시고 창조주이신 것이라. 이 존재는 비물질적 실체이며 영생불사신이고 살아 있는 존재다. 이 존재가 세상의 주인이시고 세상의 주인이신 우주의 정과 신이시고 우주의 영과 혼이시다. 이 우주에는 영원한 존재는 이 존재밖에 없다. 우리 인간이 영원히 살려면 이 존재의 몸과 마음인 영혼으로 다시 나지 않고는 영원이란 세상에는 없는 것이라.

인간의 마음은 죄와 업인 자기 마음의 세계가 가짜인 세상의 것을 복사한 마음이라. 세상에 있는 것이 참인데 인간마음이 자기의 마음세계인 비디오테이프와 같아서 자기가 세상 사는 것이 아닌 자기의 마음인 비디오테이프 속서 산다. 이 세계가 지옥인 허상인 세계라, 허이라 없는 것이고 세상에도 없는 것이이시 인간이 만든 마음의 세계는 세상서 보면 없는 것이라. 또 세상에는 허상의 비디오 세계가 없는 것이라.

인간은 세상에 살지 않고 세상과 겹쳐진 세상을 복사한 자기 마음속에 살고 있기에 죽으면 죽어 없어지는 것이 사람이라. 그러나 가짜인 자기가 만든 마음의 세상을 없애면 본바닥만 남을 것이라.

다시 한번 생각해 보면 내가 태어나기 이전에도 본바닥은 있었고 태어나도 본바닥은 있었다. 또 죽어도 존재한다. 나의 마음을 본바닥인 이 진리의 존재로 바꾸지 않고는 영원의 나라가 없다. 나의 마음의 세계와 나가 없어지면 이 우주는 있지 않는가. 이 우주의 물질도 내 마음이 있어 있는 고로 물질 일체를 다 없애도 빈 하늘은 있지 않는가. 이 빈 하늘이 되어 이 하늘에 다시 나면 영원히 안 죽지 않겠는가.

여기만이 영원히 죽음이 없는 나라이고 영원히 사는 나라인 것이다. 인간이 거짓인 자기의 마음세계와 그 마음세계 속 살고 있는 자기가 없으면 본바닥의 마음을 가질 것이고 자기 속의 마음이 이 마음을 가지면 세상의 마음이 될 것이다. 이 마음속에서 자기가 살아서 진리인 이 재질로 참 영혼이 다시 나야 이 몸이 없어져도 참인 이 세상에서 영혼인 이 몸 마음이 영원히 살 수가 있지 않는가.

극락 천국은 바로 여기에 있는 것이다. 세상 마음과 하나가 된 자 자기 마음속에 진리인 하나님 부처님이 계시고 천국도 여기에 있는 것이다. 이 마음 된 자 그의 마음은 이 세상이라.

이 세상의 있는 일체가 그대로인 영혼의 세계인 이 땅 이곳에서 영원히 살 것이다.

  어떤 이와 어떤 종파에서는 이 땅 이곳에서 이 몸으로 산다고 하니까 이 몸이 영원히 이 땅 이곳에서 산다고 하나 물질인 몸 가진 인간은 영원히 살지 못하는 것이 자연의 이치인 진리인 것이다. 하늘에 있는 천체도 지구도 50억 년에서 150억 년밖에 못 산다고 과학자들은 이야기하듯이 물질이 사는 것이 아닌 본바닥이고 진리인 영혼이, 진리인 이 땅 이곳에서 영원히 살 수가 있는 것이다. 이곳이 천국인 것이다. 이 천국에 나 사는 것은 자기의 죄업인 세상을 등진 마음을 버리고 세상의 마음이 되어 그 속에 세상이 영혼으로 다시 부활하고 자기도 부활이 되어야 천극락인 이 나라에서 영원히 살 수가 있을 것이다.

창조란 2

창조에는 정신 창조 물질 창조가 있다. 이 세상의 주인이시고 근원이시고 본래이신 창조주는 물질이 아닌 비물질적 실체인 이 우주의 근원이고 본래인 하늘 중 하늘이라. 다시 말하면 하늘 이전의 하늘이라. 이 자체는 정과 신이라. 일체가 없는 가운데 정과 신이 존재하고 없는 자리가 정이고 없는 가운데 존재하는 신이 있어 이 세상의 일체의 형상은 이 자체의 표상인 것이다.

  이 세상의 창조는 이 자체가 조건에 의하여 스스로 난 것이고 물질세상은 조건에 의하여 스스로 나는 것이라. 하늘이 있고 땅이 있고 천체가 있어 이 땅 이곳에 있는 것들은 환경인 조건에 의하여 전능한 창조주가 창조한 것이고 그 창조주의 표상인 것이고 자식인 것이다. 또 창조주의 모습이 있는 세상이라 전능하신 것이다.

  그러나 세상의 이치는 창조주로부터 와서 이 창조주로 되돌아가는 것이 진리인 이치라. 정신 창조는 이 창조주와 하나가 되는 것이며, 창조주의 본질인 정과 신으로 다시 난 영혼은 진리라 죽지 않을 것이다.

물질 창조 정신 창조는 창조주만이 할 수가 있는 것은 창조주가 주인이고 주인만이 창조를 할 수 있기 때문이다.

물질 창조는 근원의 창조주가 하셨고 또 정신 창조는 근원의 창조주가 사람으로 왔을 때 그 정신 나라에 세상을 다 살리고 인간을 데리고 가는 것이다. 창조주도 내 마음 안에, 진리인 창조주의 나라도 내 마음 안에 있기에 내 마음이 창조주와 하나가 된 자가 창조주의 재질인 영과 혼으로 다시 날 수가 있다. 창조주만이 창조할 수가 있다. 세상을 진리인 창조주의 나라에 다 나게 하고 살리시니 구원하실 수가 있다.

사람이 세상에 살고 있지 않아
사람은 참이 아닌 허라 죽어 있다

이 세상은 원래가 완전하게 되어 있고 이 세상은 원래가 다 깨쳐 있고 이 세상은 이미 다 살아 있으나 인간이 세상에 나 있지 않아 완전한 이 세상에 나 있지 않다. 대우주가 천지 만물만상의 근원이라. 창조주 자체인 이 존재는 만물이 나기 이전의, 하늘 이전의 하늘인 근원이라.

우리가 이 존재가 되어 한번 생각하여 보자. 아무것도 없는 이 존재에서 하늘의 별은 기체가 폭발하여 불덩어리로 있다가 식어 고체인 지금의 별로 화했듯이, 이 무한대의 우주 입장에서 보면 별과 우주가 하나 자체라 그 별이 우주고 우주가 그 별이라. 이 우주에 있는 천지만상은 모두가 우주와 하나이라. 우주처럼 그냥 마음이 없으면 개체가 전체이고 전체가 개체라. 일체가 하나 자체이고 형상이 있고 없고는 모두가 하나 자체라.

이 천지에 나 있는 만상은 모두가 완전한 존재인 우주 자체라 죽음이 없는 것이라. 그 형상이 없어져도 그 형상의 영혼은 진리라 영생불사신이라. 그 자체가 참인 우주의 하나인 개체라 죽음이 없는 것이라.

  이 우주의 근원은 에너지와 신이 있어 이 자체의 표현이 형상 일체라. 이 세상에 있는 일체는 이 자체의 모양 자체라.

  사람이 이 세상에 나 있지 않고 이 세상의 그늘인, 세상을 복사한 자기의 마음속에 살아 인간은 완전하지 못하여 허상인 자기의 마음속에 살고 있는 것이라. 그것이 실이 아닌 허라 죽어 있는 것이라. 참이란 세상이고 허란 세상을 사진 찍은 자기의 마음이라. 자기 마음속에 세상을 복사하여 그 속에 살고 있는 것이 바로 세상 아닌 사진이라. 그것은 없는 것이라. 없는 세상 살고 있는 사람도 허라 없는 것이라.

인간의 영혼

흔히들 사람들은 인간에게 영혼이 있다 없다 많은 이들이 이야기를 하나 이 세상의 물질의 일체는 근원인 본래에서 와서 본래로 가는 것이 세상의 이치다. 이것이 우주의 법칙이다. 진리를 믿는 자, 다시 말하면 진리가 된 자가 진리의 나라에 날 수가 있으며, 진리 주인만이 그 영혼을 부활시키고 다시 거듭나게 할 수가 있다.

인간이 영혼이 있다는 것은, 허상이고 가짜인 자기의 마음에 가짜인 자기가 있다고 생각하는 허상이기에 이것은 영혼이 아니다. 인간에게 영혼이 있다고 하는 자들은 허상세계에 나서 아는 소리를 하는 자들이다. 이들은 자기 마음세계 속에서 나서 죽은 자들이다.

아무튼 인간의 영생의 영혼은 진리의 마음이 되어 진리나라에서 다시 나 영혼이 살아 있는 자만이 있는 것이다. 인간의 영혼은 세상에 없는 허상이기에 없는 것이나 세상인 근원의 재질로 난 자는 영혼이 있어 살 것이다.

본래에서 와서 본래로 다시 돌아가는 것이 세상 이치다

 이 천지의 뜻을 아는 자도 이 세상의 이치를 아는 자도 세상에는 없다. 흔히들 종교에서는 천극락과 지옥을 이야기하나 그것은 하나의 헛된 망상의 천극락이고 지옥이다.
 우리가 우주의 주인인 대우주 자체가 되어 생각하여 보면 세상의 이치를 다 알 수가 있다.
 천지의 만상과 사람은 근원인 본래의 자식이라. 그러나 본래에서 와서 본래로 다시 돌아가는 것이 세상 이치다. 이 세상에 있는 만상은 모두 다가 다 없어지지 않았는가. 없어져도 본래는 그냥 있지 않는가. 이 본래에서 다시 나면 이것이 신이고 이것이 신의 나라라. 신은 일체로부터 해탈된 존재라.
 자기의 마음 안에서 아는 소리와 귀신세계를 이야기하는 자는 자기 마음에서 망념이 나 있는 것이라. 헛세상에 헛것이나 아는 소리를 하나 신은 있되 있음 속에도 있지 않고 일체의 인간의 판념 관습을 벗어난 자리라. 사람은 죽으면 없어지는 것이 세상 이치나 세상에 거듭나 있는 진리만이 영생불사신이 되어 신의 나라 영원히 살 수가 있는 것이라.

사람은 자기의 망념이 자기의 망념 속서 사는 것이 지옥이나 이것은 세상에 없는 것이어서 없는 것이라. 세상에 있는 것은 있고 없는 것은 없다. '보는 대로 있는 대로가 진리다'라는 것은 인간의 마음이 신인 세상의 마음이 될 때 세상에 있는 것은 있고 없는 것은 없는 것이다. 다시 말하면 세상에 없는 것은 모두 다가 인간의 망념인 것이라.

창조주와 인간과의 관계

이 세상은 창조주이신 본바닥 존재가 천지 만물만상을 창조하셨다. 이 존재는 물질이 아닌 비물질이다. 이 존재는 신령스럽게 신과 영으로 존재하는 살아 있는 존재다. 물질 창조는 이 존재가 한 것이고 이 존재가 창조주이시다. 이 존재는 전능한 것이 이 세상의 모든 것은 이 존재의 자식인 피조물이다. 이것저것이 이 존재가 형체로 화신한 것이다. 다 창조하니 전능한 것이다. 이 세상의 모든 물질은 이 존재가 창조하셨고 이 존재의 자식이자 또 이 존재다. 근원이자 주인이신 이 존재가 물질인 세상을 창조하셨고 이 물질은 본래에서 와서 본래로 가는 것이 세상의 이치다.

그러나 이 세상의 모든 물질이 영원히 사는 것은 세상이 사람의 마음이 되어 이 세상을 본래인 본바닥의 진리의 몸 마음으로 다시 나게 할 때 영원히 이 세상은 진리의 나라에서 살 것이다. 이것은 사람이 아무리 이루려고 해도 이루지를 못하고 창조주이신 세상의 주인이 사람으로 왔을 때 세상의 주인이 세상에 데리고 가서 그 나라 나게 하고 살게 할 것이다. 이 것이 창조주의 권능인 것이다.

　성경에도 보면 말씀으로 다시 나지 않고는 살 자가 없다고 했고 하나님만이 구원하실 수가 있다고 했다. 이 정신 창조는 진리나라인 참세상의 주인만이 하실 수가 있는 것이라.

그림 속에서 아무리 하늘자나는 쳐다 보아도 보이지 않도다.
그림중에는 그런의 하늘 갔다나는 있다.

하나님의 은혜는 말씀이 아닌 지혜다

흔히들 산 기도를 하고 또 자기가 하나님의 은혜를 입었다고 하는 이가 있다. 그 은혜가 먼저 음성으로 들린다고 하는 이도 있다. 그러나 그것은 잘못 알고 있는 것이다. 이 말은 인간이 자기의 마음의 세계에 살고 있는 고로 자기 속에서 나온 그 마음세계지 하나님의 음성이 아닌 자기의 마음세계의 소리이다.

하나님의 은혜는 가짜인 인간이 자기의 죄를 사한 만큼 더러운 죄가 없어진 만큼, 참인 진리가 들어와 알아지고 깨쳐지는 것이 참이신 하나님의 은혜인 것이다. 그 죄가 다 사해져서 하나님의 정신과 일치가 된 자는 이 세상의 이치를 신의 의식이 되어 다 알 수가 있다. 이것은 인간의 지혜가 신의 지혜이어서 이것이 참 앎이고 이것이 은혜 자체인 것이다.

자기의 죄를 사하는 자만이 하나님의 지혜를 가질 수가 있고, 죄인이 죽고 하나님의 자식으로 거듭 다시 난 자가 영생불사신이 되어 살 수가 있는 것이다. 인간의 죄는 하나님을 거역

하고 인간의 멋대로 자기의 마음을 가지고 있는 것이 죄인 것이다.

　죄사함을 한 자만이 한 만큼 하나님과 하나가 되어가는 것이다. 자기가 죽고 넘어간 자리가 지고하신 하나님의 자리라. 자기를 산제사 지내지 않고 하나님을 운운하는 것은 자기 속에서 나온 하나의 망념의 소리고 심중의 자기의 희원의 소리일 뿐이다. 그런 소리를 듣고도 후일 이루어지는 것이 하나도 없었다는 소리를 나는 사람들에게 많이 들어왔었다. 그 모두가 자기가 바라는 소리일 뿐이다.

종교

이때까지의 세상에 있는 종교는 모두가 옛 성인의 말씀을 듣고 행하려고 사람들은 노력하고 그 말씀을 마음세계에서 믿고 따르고 있다. 옛 성인들은 모두가 언젠가는 완성자가 이 세상에 와서 인간 완성이 되어 영원히 죽지 않고 사는 세상에 인간이 살 수 있다고 예언한 예언서가 성인들의 말씀이고 요지다.

기독교에서는 언젠가는 완성자가 세상 와서 진리인 하늘나라에 데리고 간다고 말씀하셨고 불교에서는 미륵부처님이 세상에 와서 인간을 구원한다고 하였다. 이 존재는 공히 하늘 중의 하늘인, 하늘의 주인이 세상에 온다는 이야기로, 그 존재가 사람으로 와서 사람을 자기가 사는 세상인 천극락에서 영원히 살 수 있게 하는 것이 구원인 것이다.

우리가 이 세상에 한 번 태어나 살다가 죽는 것이 세상의 이치일 것이다. 또 우리가 이 세상에 태어나지 않았다고 한번 생각하여 보자. 그래도 세상은 있지 않는가. 그 세상도 내가 있어 있는 것이니 그 세상이 없으면 모든 것이 일체가 없는 우주의 본래 모습인 허공인 본바닥만 남아 있지 않는가. 이 존재가 본래이고 근원인 창조주이고 진리이신 하늘 중 하늘이 아닌가.

이 존재가 진리이기에 사람으로 왔을 때만이 진리로 다시 나게 할 수가 있을 것이다. 이 존재만이 구세주일 것이다. 진리 자체로 다시 나 이 나라에 영원히 사는 것을 예언한 것이 종교의 경일 것이다. 완성자란 진리인 이 존재만이 완성자일 것이고 이 존재만이 구원할 수가 있기에 각 종교에서는 이 존재가 오기를 기다리나 사람은 자기의 마음이 허상 속에 살고 있기에 그 마음속에 진리인 이 존재가 없으니 참인 이 존재가 와도 가도 알지를 못할 것이다. 사람은 그 모양만 보고 그 마음에 참이 없기에 알 수가 없을 것이다.

옛 유태인들은 구약이라는 경에 묶여 있어서 예수님이 오셔도 그 틀 속서 벗어나지 못하여 예수님을 알지 못했듯이, 또 지금까지도 믿지 않듯이 지금의 종교인들도 그 경에 묶이어 참인 구세주가 와도 가도 모르는 유태인과 다를 바가 없을 것이다.

미완성 시대의 종교는 성인들의 말씀을 이야기한 것이고 또 전하였으나 언젠가는 인간이 완성되는 시대가 올 것이고 완성이 되는 이때에 인간이 완성이 되는 것이 진짜일 것이다.

인간이 미완성인 것은 진리의 나라인 세상을 자기의 마음 속에 사진 찍어 자기의 세계를 만들어 살기에 인간은 가짜인 허의 존재이기 때문이다. 본래이고 세상 주인인 본주인을 배신하고 자기의 마음의 세계에 주인의 것을 복사하여 자기의 세계를 만들었으니 죄인이고 죽은 자이라. 이 자기의 마음의 세계를 비우고 또 없애는 것이 회개 참회 하는 것이고 이 세상을 다 부수고 자기가 없으면 주인의 세상에 갈 수가 있을 것이다. 주인인 하늘 중 하늘에서 다시 나 사는 것이 진리인 천극락의 나라일 것이다. 이것이 실현되는 곳이 모든 종교의 궁극적인 뜻이 이루어지는 곳이다. 사람들은 자기의 잘못된 관념에 묶이어 있지 말고 되는 곳을 찾아 회개하는 자가 살 것이다.

성인들이 말씀하신 경들이
안 들리고 이해가 안 되는 것은

우리는 경을 접하여 그 말씀들을 외우기도 하고 또 읽으나 그 참뜻을 아는 자가 없다. 이 경은 참세상인 진리의 입장에서 쓴 것이어서 그 입장이 안 되고서는 자기의 입장에서 보기에 이해가 안 된다. 자기는 참세상이 아닌 자기의 세계인 마음속 살아 참세상에 없는 존재다. 이 하늘나라의 이야기가 자기 속에는 참 하늘이 없기에 안 들리고 이해가 못 되는 것이다. 마음세계인 자기 속서 나오면 참세상이 되고 참세상에서 보면 그 경이 자기가 되어 있으니 이해가 안 될 것이 없다.

인간은 자기가 지금 있는 곳을 모르니 방황을 하고 살고 있다. 자기가 있는 곳이 지옥세계인 자기의 비디오테이프 속서 산다는 것을 알고 그 허상의 나라에서 회개하여 나와야 하는 것이다. 인간마음이 각인마다 다르기에, 종파도 그 경의 진정한 의미를 모르고 자기의 마음에서 해석하고 풀기에 생기는 것이다. 그것들은 모두 다가 실이 되는 것도 아닌 말장난에서 그치고 마는 것이다.

진정한 방법은 그 성인들이 되어보면 다 알 수가 있지 않는가. 그것은 세상을 등진 자기가 만든 사진의 세계를 없애고 참 세상에 와보면 성인이 되니 다 알 수가 있는 것이다.

인간의 중요성

나는 사람을 대할 때마다 한 사람이라도 신중히 대한다. 그들에게 참 되라고 수십 번을 당부하고 당부한다. 그러나 사람들은 내 말을 들을 때는 잘 듣고는 어느 순간에는 마음이 돌변하여 수련원에 없는 것을 많이 보아왔다. 사람의 마음은 믿을 수가 없다는 것을 여러 해 이 공부를 시키다가 보니 여러 번 그 마음이 남게 되었다. 조석으로 바뀌니 인간의 마음을 '열자의 물속은 알아도 한 자인 사람의 속은 모른다'고 세속에서는 하지 않는가. 그러나 인간이 분명히 알 것은 무엇보다도 한 생밖에 없고 또 한 생에서 이루어야 할 참을 이루지 못하면 영원히 사는 때에 그 시기를 놓치고 마니 안타까운 심정에 나는 변하지 말고 마음 닦으라고 당부에 당부를 하나 자기의 죄 속 업 속 사는 사람은 그 죄업 속으로 가버린다. 자기의 죄업의 모양이 아니겠는가.

흐르는 강물 따라 흐르는 세월 따라 마음 없이 살지 못하고 자기가 이루려고 하는 그 욕심에 자기 속의 뜻과는 거리가 머니 하지 못하는 것 같다. 자기가 이루려고 하면 이루지 못하고, 자기는 버려야 하는 존재임 알고 자기가 가장 나쁜 사람이라고 생각하는 자는 이루고 따르나, 허인 자기가 잘난 자는 잘난 자기에 진리를 가지려고 하기에 어렵고 이루지 못하는 것 같다. 자기의 죄를 사하는 자는 자기보다 진리가 더 중요함 알고 공부를 하고, 가짜인 자기를 버린 자만 신인 진짜 자기로 날 수가 있다. 사느냐 죽느냐의 때에 죄업 닦아 살자.

인간은 죽고 마느냐 영원히 사느냐의 운명에 놓였다

인생을 살다가 보면 힘이 들고 어려울 때가 행복할 때보다 훨씬 더 많다. 우리는 이러는 가운데 수많은 생각도 해본다. 인간은 죽으면 어디로 가느냐에 대해서는 많은 이들이 생각을 해보았을 것이다. 그러나 인간의 생각에는 그 해답이 있을 수가 없는 것이라. 자기의 의식이 죽어 있고 세상에 살지 않고 자기가 만든 마음속에 살고 있기에 이 문제가 해결이 안 되는 것이라.

사람들은 미완성이라 종교도 있고 진리를 찾는 곳도 있다. 이들의 궁극적인 목적은 모두가 살기 위함이다. 다시 말하면 영원히 사는 방법이 없을까 생각하고 종교도 믿고 도도 닦고 마음수련 같은 곳도 있다. 그러나 인간이 영원히 사는 방법은 진리인 본래인 창조주의 나라에 나지 않고는 영원히 사는 방법이 없을 것이다.

영원히 살려면 영원한 곳인 진리의 나라이어야 될 것이고 이 나라에 자기의 허를 다 부수고 가서 이 나라에 다시 나지 않고는 영원히 살 자가 없을 것이다.

  이 존재의 나라인 진리의 나라는 자기의 몸 마음 일체를 버린 자만이 갈 수가 있다. 예수님처럼 십자가를 지고도 '아버지 아버지 나를 버리시나이까. 그러나 아버지의 뜻이라면 따르겠습니다'라고 하신 것은 자기는 버리고 진리이신 하나님 편에 서겠다는 이야기다. 자기보다 진리이신 하나님을 더 사랑하신 것이다. 예수님이 돌아가심으로써 신인 하나님의 나라에 가는 다리를 놓은 것이다.

  이 세상에 사는 인간은 누구나 죄인이다. 이 죄인이 다 죽으면 진리만 남고 그 나라가 천국인 진리의 나라이고 하나님의 나라인 것이다. 죄인인 나가 다 죽고 의인으로 다시 나지 않고는 영원히 살 자가 아무도 없다. 이 다 죄인이라 자기를 회개하여 죄를 다 사하고 내 마음에 '의'의 나라가 있고 의인으로 거듭 다시 부활해야만이 천국에서 영원히 살 수가 있다.

  사람이 살아서 자기 마음이 '의'의 나라와 하나가 되어서 그 나라에 나지 않는 자는 영원히 죽고 말 것이다. 거짓인 자기를 다 쳐부수어 없애는 자가 자기를 이긴 자다. 죄인인 허를 없애고 의인인 참으로 살아 나지 않고는 영원히 살 자가 없다.

사람의 마음 안에
하나님 부처님이 있고 천극락 있다

불교에서는 부처가 무엇이냐고 물으면 '너가 부처고 너의 마음이 부처다'라고 한다. 이 말은 지당한 말이나 부처님의 마음 가진 자가 부처이고 인간의 마음에는 부처님 하나님 천극락이 없다.

인간의 마음은 세상을 복사하여 자기의 세계를 만든 마음이라. 이것은 세상을 등진 하나의 세상을 만들어 그 속에 사니 이것이 가짜의 없는 허상세계라. 인간도 이 허상의 나라 살고 있기에 사람들은 자기의 마음에 살아 있다고 생각하고 사나 사람은 살아 있지 못한 허상의 세상에 살고 있기에 죽어 있는 것이라.

다시 말하면 세상이 진짜이고 세상을 사진 찍은 마음의 세계는 가짜가 아닌가. 인간은 하나의 자기의 비디오테이프를 제작하여 비디오테이프 속에 살고 있는 존재라. 그래서 인간은 미완성이고 완성이 되기 위해 종교도 나가고 또 마음도 닦고 선도 하고 도도 하고, 지금도 이 세상의 처처에서 수많은 이가 완성이 되기 위해 노력하는 자가 많은 것이라.

　이 사진의 세계 속에서 사는 사람은 세상에 없기에 생명이 없고 죽어 있는 것이라. 이런 인간의 마음에는 하나님 부처님 천극락이 없는 것이라. 이 마음을 버리고 진리고 참인 세상의 마음 다시 말하면 근원의 마음으로 되돌아가면 자기 마음이 진짜인 부처님 하나님 천극락이 자기 속에 있기에, 자기 속에 있는 자만이 하나님 부처님을 알 것이고 천국 가진 자가 천국을 알 것이다.

　진리인 이 근원의 존재가 세상을 창조한 세상의 주인이시고 창조주이시고 참인 이 존재가 자기의 마음이 될 때 하나님도 자기 안에 부처님도 자기 안에 천극락도 자기 안에 있을 것이다.

　이 마음이 된 자는 이 마음이 세상의 마음이라 이 세상 일체의 것이 자기 속에 있고 여기가 천극락인 것이다. 또 진리인 하나님 부처님이 자기 속에 있다. 이 자기 마음은 이 세상이 자기 마음이 된다. 자기 마음속에 허인 사진세계 가진 자는 지옥세계이고 지옥 살고 이것 가지고 있는 자는 이 세계밖에 없기에 여기 간다. 다시 말하면 지옥 가는 것이다. 그러나 진리인 본바닥의 마음 가진 자는 영원히 진리나라에서 살 것이다.

전쟁이 없고 모두가 자기반성인 회개하여 모두가 하나인 마음이 되는 때다

세상은 인간마음에서 움직여 왔던 시대에서 인간마음이 세상이 되어 순리의 시대가 열렸다. 사람의 이기적이고 자기중심적인 편협된 마음에서 벗어나 본래인 세상의 마음이 될 때 사람의 마음이 큰마음이 되어 마음이 없어 넉넉한 여유가 있을 것이다.

자기 것만이 맞고 남의 것이 틀렸다는 주장과 또 편협된 자기 것을 만드는 욕심에 인간사는 수많은 전쟁을 곳곳 처처마다 치렀고 수많은 이가 전쟁으로 죽고 한 것은 인간마음의 미완성에서 비롯된 것이다. 사람의 마음이 세상 마음이 되면 누구나가 하나이고 서로를 이해하고 살 것이고 편협된 그 욕심이 없어 전쟁이 없을 것이다.

진리가 무엇이며
진리의 존재가 무엇인가

우리는 세속에 살면서 진리라는 것은 영원히 변하지 않는 것이라고 배워 왔다. 나는 이렇게 진리는 영원히 변하지 않고 살아 있는 존재라고 가르치고, 세속에서 배우지 않는 진리의 존재를 이 세상의 물질 이전의 자리, 다시 말하면 우주에서 하늘의 별 태양 달 지구를 또 물질인 공기 중에 있는 물질을 없애면 이 세상에는 허공만 있을 것이라고 가르친다.

이 존재는 시작 이전에도 있었고 지금도 있고 영원 후에도 존재하는 살아 있는 존재라. 이 세상에 있는 일체가 모두 없는 허공에서 나타났고 이 존재가 진리의 원래라. 있는 일체 모두는 이 존재에서 와서 있어도 이 존재요 없어도 이 존재라.

이 존재는 항시 그냥 있었으나 사람들은 근원이시고 본래이신 이 존재가 사람 마음에 없기에 보지 못하고 알지 못하는 것이라. 이 존재와 마음이 하나가 되지 않고는 이 존재를 보고 알 수가 없는 것이라. 사람의 마음은 세상의 것을 사진 찍는 것이 사람의 마음이라. 사진 속의 하늘은 살아 있지 않아

이 존재를 알 수가 없는 것이라.

　이 존재는 시작 이전에도 있었고 이 세상이 다 없어져도 존재하는 살아 있는 신의 존재라. 각 종교에서는 이 존재를 한얼님 하나님 부처님 알라 창조주라 일컫는 존재라. 천지만상을 나타낸 주인이시라.

　이 세상의 물질은 이곳에서 와서 이곳으로 가는 것이 진리인 세상의 이치라. 이 땅 이곳에서 수많은 사람과 동식물이 이 지구상에 살다가 다 어디를 갔느냐. 없어지지 않았는가.

　이 자체는 모두가 근원이고 본래인 이 존재인 없는 허공으로 가지 않았는가. 이것이 세상의 이치라. 물질은 있어도 이 존재요 없어도 이 존재라.

　이 진리의 존재가 사람으로 세상 왔을 때 천극락인 이 존재의 나라에 이 존재의 몸과 마음으로 이 세상이 다시 나 영원히 죽음이 없고 살아 있는 나라가 이 나라라. 이 나라는 물질 이전의 영혼의 나라이라. 성령 성부의 나라이고 보신불 법신불의 나라이고 정과 신의 나라이라.

　이 세상의 물질의 세계가 본래인 근원의 나라에 근원의 영과 혼으로 거듭나 사는 곳이 바로 천국이라. 이 세상에 물질은 영원한 것이 없지 않은가. 그러나 진리 존재인 우주의 하늘은 영원하듯이 하늘 중 하늘인 근본의 하늘의 영과 혼인 정과 신으로 다시 나는 것만이 진리가 되어 영원히 살 수가 있는 것이라. 진리란 있는 것이고 영원불변 살아 있는, 물질 일체를 뺀 빈 하늘이 근원이고 본질이고 본래인 진리라.

이상주의(理想主義)

이상이라고 하면 완전한 상태인 진리 그 자체가 이상인 것이다. 진리를 지향하여 생각하고 행동하여 진리가 되는 것이 이상인 것이다. 또 진리에 나 사는 것이 이상적인 삶인 것이다.

종교에서는 이 이상주의를 지향하고 있지만 실현이 되지 못하는 것은 이상주의에 가는 방법이 없고, 그러니 항시 이상주의를 경만 가지고 말로만 하고 있어 이상의 세계에 도달하지 못하고 있다. 이상세계에 가지 않은 자가 경을 풀이하니 인간 생각이 경이 되어 수만 가지의 종파가 있는 것이다. 이상세계에 도달하는 것이 또 이상세계 자체에 다시 나는 것이야말로 참 이상주의이고 이 세계를 실현할 수가 있는 것이 될 것이다.

그 방법은 가짜인 자기를 무시하고 없애면 본래가 있고 이 본래의 마음에서 다시 나면 이것이 이상세계인 것이다.

내가 이 세상에 태어나지 않았다고 생각을 해보자. 태어나지 않아도 세상은 있고 세상에 있는 지구 달 별과 지구에 있는 모든 것이 태어나지 않아도 허공인 빈 하늘은 있지 않은가.

이것이 본래이고 근원이고 신이신 창조주라. 이 자체의 마음으로 되돌아가서 여기서 빈 하늘의 재질로 다시 나면 천국인 여기가 이상세계인 것이다.

이상주의는 이 세계에 가기 위하여 또 간 자가 생각하고 행동하고 사는 것이 이상주의이다.

이상주의가 실현 가능할 때 이상세계가 이루어진다.

진짜 이상세계는 세계가 한마음이 되어 너나가 없이 하나 되어 사는 것이다.

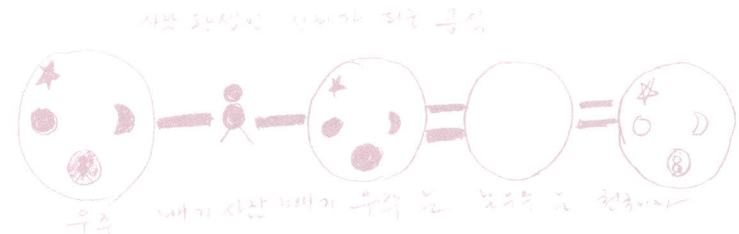

본바닥의 주인이 사람으로 왔을 때 구원이 이루어진다

세상은 깨쳐 있으나
허세상 사는 사람이 깨쳐 있지 않구나
이 천지가 본바닥에서 와서
본바닥에 살다가 본바닥에 가나
본바닥을 잃어버려
사람은 자기의 마음의 세계를 가지고 살아
본바닥이 사람의 마음에는 없구나

세상과 인간의 마음은 원래는 하나이나
사람이 자기의 마음에 세상을 사진 찍어
자기 세계인 사진인 허상의 나라에 살고 있기에
인간은 죽은 것이라
세상의 일체가 없어도 본바닥이요
세상의 일체가 있어도 본바닥이요
그 본바닥의 마음이 되어 사는 자는

언제나 본바닥에 사나
자기의 마음의 세계에 사는 자는 언제나 그 속 살아
죽으면 생명이 없어 죽고 말구나

  지금 시대에는 인간의 평균 수명이 남자가 76세 여자는 81세라고 한다. 인간이 이 세상 나서 사는 것은 이 나이 살다가 죽고 없어지려고 이 세상 온 것이 아니다. 인간이 사는 이유와 목적은 영원히 죽지 않고 완성된 나라 사는 것이 목적이다.

  인간이 이 나라 살기 위해서는 자기가 가짜임 알고 또 가짜의 나라 사는 것을 알고 허인 이 나라를 없애버리고 참에 다시 나야, 참의 재질로 다시 나야 영원히 있을 것이다. 살아서 자기의 마음이 참의 존재인 본바닥에 가서 참인 그 존재의 몸 마음으로 다시 난 자가 본정신 차린 자라. 자기의 마음의 나라에 살아서 다시 나고 거듭나고 부활이 된 자는 자기의 몸이 죽어도 그 존재는 살아 있을 것이라.

  지금 내가 불에 타 죽었다고 가정을 하여보자. 그래도 참에 난 나는 있지 않는가. 생명이고 부활인 본바닥이 사람의 속에 없는 자는 생명이 없기에 죽어 있지 않는가. 죽으면 죽고 없어지지 않는가. 자기의 가짜인 몸 마음을 다 없애고 없애면 신인 본바닥만 살아 있을 것이라.

  이 세상의 일체는 본바닥에서 와서 본바닥에 살다가 본바닥에 가는 것이 이치나 이 본바닥에 살리는 것은 본바닥의 주인이 사람으로 왔을 때만 본바닥의 나라에 세상을 다 구원할 수가 있는 것이라.

인간 완성을 이루는 빼기의 시대가 열렸다

사람은 세상 나면서부터 무엇을 가지려는 마음이 있어 가져서 행복을 찾고 가져서 만족하려고 하나 그것은 끝이 없고 또 만족도 행복도 없다.

모든 가짐은 자기의 열등의식에서 발로된 것이고 그것을 못 가지고 못 이루었을 때 그것이 원과 한이 되는 것이다.

이것을 없애야만이 진정한 원한이 없어질 것이다.

이때까지는 세상 살면서 자기가 자기 것으로 가지려는 마음 따라 가지고 살려고 했으나 그 가짐에 사람들은 지금에 사는 모양이다.

세상이 불안하고 인간의 신뢰가 떨어지고 사람이 그 열등의식을 좇아 헤매니, 가짐보다 안 가짐을 배움이 지금 시대에 사람이 완성이 되고 더 잘살 수가 있는 이치이다. 마음으로만 돈을 버려야겠다고 생각함이 아니고 행하기 때문에 더 잘살 수가 있다.

많은 가짐의 마음에 수많은 번뇌가 있고 번뇌 따라 사는 삶은 행이 없고 생각에 생각만을 낳을 뿐이다.

　지금의 시대는 마음에 더하기의 시대였으나 마음 빼기의 시대가 열렸다. 이 빼기의 시대에 마음의 빼기를 한 자는 본성을 되찾아 인류는 하나가 될 것이고 세상과 남을 위해 살아 세상이 완성이 될 것이다.

　인간 완성은 자기 마음을 다 빼면 신인 세상의 마음이 되어 지혜가 있어 잘살 수가 있고 그 마음인 영혼이 또 영원히 살 수가 있을 것이다.

　완성이란 인간마음을, 자기가 먹은 마음을 다 빼기하는 것이다.

두 번째 이야기

인간의 마음

허인 인간의 마음이 실인 세상의 마음이 될 때 세상의 이치도 알고 세상을 바로 보고 바름을 알 것이다. 바름이란 그 마음이 바름이 되었을 때 바름을 알 것이고 바름일 것이다. 지기가 가신 관념 관습의 틀이 다 부수어지면 세상의 것이 모두 다가 수용이 될 것이고 좁아 빠진 자기 속이 부정적인 마음에서 긍정적이고 현실적이고 행동하는 사람이 되어 잘사는 세상이 될 것이다. 본문 중에서

마음은 없는 무(無)인가

흔히들 사람들은 마음이 무(無)라고 말을 하고 있다. 무라는 것은 없다는 뜻인데 인간의 마음은 허상이라 있지만 없는 것이나 신의 마음인 세상의 마음은 형상은 없으나 실존하는 참의 존재인 것이다. 참마음은 이 우주의 물질을 뺀 순수허공 자체다. 내가 다 없어지고 세상이 다 없어져도 이 하늘은 있지 않는가.

이 존재는 물질이 아니라 없다고 하지만 이 존재는 영과 혼이 하나 되어 엄연히 살아 있는 존재로서 이 세상의 천지 만물만상과 인간은 이 존재의 표상인 것이다. 이 존재가 어떻게 생겼느냐고 하면 이 세상에 있는 만상이 진리인 이 존재다.

이 존재는 살아 있기에 세상의 일체의 것을 창조한 전능한 창조주이시고 이 존재가 우리의 마음과 하나가 될 때 우리의 마음과 세상의 마음은 하나가 되어 이 세상에 다시 난 사람은 죽음이 없을 것이라. 세상이 된 자의 마음은 세상이 자기 마음이라. 인간마음인 가짜인 마음은 가짜라 없는 것이고 진짜인 신인 우주의 마음은 무가 아닌 있음인 비물질적인 실체라 있음이다.

사람은 허기인 마음을 가져 허기진 마음에 무엇이든지 먹으려고 한다

인간의 마음은 허기인 허상을 가지고 있어 그 자체를 지고 사니 허기진 사람이라. 허기란 거짓마음인 사진 찍은 마음이라. 인간의 마음은 세상의 모든 것을 훔쳐 자기 마음속에 다 가지고 있으니 이 마음은 본래이고 진짜인 참을 등지고 살기에 죄인이고 업둥이인 것이다.

 이 자체의 성질은 무엇이든지 먹어 치우는 것이 특성이라. 그래야 허인 자기가 잘나고 또 허를 과시하는 것이 되는 것이라. 이것이 습성이 된 사람은 자꾸자꾸 먹기는 먹으나 결국은 고통과 짐뿐이고 그 무덤 속서 죽고 마는 것이라. 인간의 마음은 하나님이신 이 우주를 닮게 만들어 우주에 있는 것을 다 집어삼키나 그것은 참이 아닌 허라.

 허란 없는 것이고 자기의 망상이고 자기의 생각일 따름이라. 우리나라 말에 허기진다는 말은 배가 고파 하는 말이나, 마음에 허기를 진 자가 허기진 것이고 이 자가 우리 인간인 것이다.

우리 인간은 바름이 없어 마음을 먹지 않는 방법이 없었기에 그 세상에 살아서 수많은 전쟁과 자기만 살기 위해 서로가 서로를 사랑하지 못하고 증오하여 너의 나라 나의 나라가 있고 네 것 내 것이 있어 살아왔다. 결국은 자기의 마음의 세계를 가지고 지키고 자기의 관념 관습을 고수하여 그러한 것이다.

이것을 사람은 모르고 살아왔다. 먹은 마음만큼 가진 만큼 말하고 행하고 또 산다. 그러나 의를 가진 자는 의의 나라에 의로 살 것이다. 의는 먹은 마음을 다 없애는 것이다. 그러면 참에 와서 의로 살 것이다.

세상 사람은 모두가 거짓말쟁이

 흔히들 사람들은 자기는 옳고 바르고 또 자기 것이 맞는다고 생각하고 산다. 자기는 남을 속이지도 않았고 남에게 좋은 일을 하고 살았다고 생각하고 산다. 자기중심적인 마음에 자기 것 이외는 맞는 것이 없다고 생각하고 산다. 그러나 인간은 맞는 것이라고는 하나도 없다. 자기의 관념 관습은 맞지 않다.
 참인 세상에서 보면 인간은 자기의 마음이 근원인 세상을 복사한 허상의 사진 속에 살고 그 사진의 마음이 있어 그것이 자기의 관념 관습일 뿐이지 맞는 것이라고는 없는 것이다. 모두가 허이기에 맞지가 않는 것이다. 말하는 것마다 자기 속에서 사진인 것을 말하니 그것이 허인 것이다. 행하는 일체도 허인 것이다.
 남을 위해 산다는 사람들에게 나는 말하길 남을 위하는 것도 자기를 위해 남을 위하는 것이라고 말하면 남을 위했다는 사람들도 고개를 끄덕인다. 사람은 세상의 그림자 속에 살아 그 세상의 그림자가 자기 속에 있고 그것을 가지고 이야기하고 그것을 가지고 사니 모두가 거짓인 것이다. 의인은 그림자 속에 사는 자가 아닌 세상에 살아 말과 행이 참인 것이다. 의인만이 거짓말 거짓 행을 하지 않는 참말 참 행을 할 것이다.

우리는 잘못 살고 있다

우리 인간의 사는 삶이 허이고 가짜인 것은 본바닥인 본래의 진리인 빈 하늘 자체가 우리의 근원이기 때문이다. 내가 이 세상에 태어나지 않았어도 이 우주의 만상 이전의 빈 하늘은 있지 않았는가.

나는 일순간 나란 존재를 가지고 인간세상에 와서 나의 마음속에서 허인 내가 살아가고 나의 세계를 만들어 살아, 본바닥에서 보면, 영원한 본바닥의 나라에 비하여 허인 나는 인생 삶이 1초도 안 되는 칠팔 십 평생을 헛꿈을 꾸며 살아가고 있는 것이라.

나는 본바닥인 참나를 저버리고 내 멋대로의 허상세계 속 허상세계를 만들어 살고 있지 않은가. 그 꿈속에 내 처자가 있고 돈, 명예, 가족, 사랑이 있으니 이것이 헛꿈인 줄 모르고 그 꿈이 자기 것이 되어 오직 허인 자기를 위하여 자기 세계에 재물을 쌓고 있다면 이것은 얼마나 어리석은 일인가. 더구나 자기 자식에게까지 재물을 남겨 허상세계의 짐만을 더해 주고 있으니 이것이 얼마나 어리석은가. 자기 것을 만듦이 고통 짐인 줄을 모르고 인간은 허기진 마음에 이것저것을 다 가져 뜻을 이루려고 하나 그 짐 속서 고통 짐으로 영원히 죽고 마니 그 허상세계는 뜻과 의미가 없는 것이다.

그러나 인간이 분명히 이루고 해야 할 일은 허인 나를 다 부수고 참이 되어 영원히 사는 것뿐이다. 또 참의 나라에 자기의 재물 복을 짓지 못한다면 이것이 진정 의를 위하는 자라고 할 수 있겠는가. 의를 위하는 자는 자기를 버리고 가족, 돈, 사랑, 명예를 의의 나라에 쌓는 자가 진정한 의인이고 영원히 사는 불사신일 것이다.

인간이 태어나 사는 곳이 분명히 세상에 사는 줄 아나 사람은 자기의 허상인 마음속에 사는 허이고 미완성인, 다시 말하면 꿈이고 없는 존재인 귀신이라. 참세상의 바른 뜻을 알지 못하고 이기적인 마음만 있어 자기의 세상만 만들고 보고 배우고 들어서 모두가 자기 뜻대로만 살아간다. 자기 것은 맞고 남의 것은 맞지 않고 자기만 위하여 허기져 살기에 수없는 마음만 삼키고 삼켜 이루려고 하던 뜻이 무거운 짐이고 고통이라.

귀신이 자기의 자식과 모든 이에게 가르치는 것이 기껏 자기 꼴인 가짐만 가르치고 있으니 없어지는 이것이 죽고 마는 존재이니 우리는 삶보다 죽음을 먼저 가르치고 가짐보다 안 가짐을 먼저 가르치고 있음보다 없음을 가르치고 허보다 진리를 가르치고 의를 위하여 사는 가르침을 세상인에게도, 주위와 처자식에게도 가르치어 의에 함께 살도록 하는 것이 참 삶인 의의 삶일 것이다.

　가족 자식에게까지 돈이나 남겨주고 자기 속에서 죽고 말게 하는 가련한 존재가 되지 말고 참인 의의 삶을 살아서 행해야 그 복이 참세상에 있지 않겠는가. 살아서 복 짓지 못하는 자는 결국은 천상에 나지도 못할 것이다. 귀신인 자기에게 더 집착이 있고 신인 자기가 죽었으니 그렇지 않은가.

말이 씨가 된다는 말은

　세속에서 우리는 흔히들 상대를 욕하거나 나쁜 소리를 하면 그 말이 그대로 된다고 알고 있다. 말이 씨가 된다는 말의 참뜻은 참인 진리의 나라 주인이 오면 진리나라에 살으라 하면 살 수가 있고 죽으라고 하면 죽는다는 뜻이다. 생명인 진리의 나라의 주인의 말씀이 생명인 씨가 된다는 말씀이다. 그 말씀이 생명인 정신을 나게 하니 씨인 것이다. 그 말씀이 또 세상을 다 살게 하고 사람을 살리니 씨인 생명이 되는 것이다.

　성경에는 하나님이 그 말씀으로 천지를 창조하셨다는 말이 있다. 또 하나님의 말씀으로 다시 나지 않고는 살 자가 없다는 말씀이 있다. 하나님의 말씀은 생명 자체이시고 또 진리나라의 주인이시라. 그 말씀이 하나님에게만 있는 것이라.

　그 하나님의 말씀이 생명인 씨가 되는 것이고 진리나라의 창조는 말씀으로 하신다는 뜻이다. 하나님의 권능이신 것이다. 말이 씨가 된다는 말이나 하나님이 말씀으로 천지를 사람을 창조하시는 것은 같은 말이다.

인간마음 너머의 신의 마음

잘났다 잘생겼다 멋쟁이다
훤칠하구나 미끈하구나
너무 잘생겼다 너무 잘났다
어여쁘구나 예쁘구나
달처럼 생겼다 이목구비가 뚜렷하구나
미남 미녀구나
못났다 못생겼다 멋쟁이가 아니다
안 훤칠하구나 안 미끈하구나
너무 못생겼다 너무 못났다
밝지 못하구나 이목구비가 안 뚜렷하구나
추남 추녀이구나
좋아한다 사랑한다
깨끗하구나 아름답구나
화사하구나 예쁘구나
안 좋아한다 사랑하지 않는다

더럽구나 아름답지 못하구나
안 화사하구나 안 예쁘구나
죽었다 살았다
이것이다 저것이다
세상이 있다도
모두가 인간의 마음이라 귀신의 마음이라
귀신은 참마음에 없기에 껍데기만 보고
신은 그 마음을 본다
인간의 수많은 마음 너머에 신의 마음이 존재한다
신의 마음은 아는 것도 맛도 냄새도
보는 것도 듣는 것도 감각도 없는
일체가 끊어진 마음이다
신의 마음은 살아 있되 있음 속에 있지 않고
마음은 끊어진 없는 마음이나
참으로 살아 있는 지혜 자체의 마음인 것이다

　우리가 흔히들 마음은 없다라는 말을 들어왔다. 이 마음이 없다고 하는 것은 인간마음은 망상의 수많은 것이 쌓여 있지만 그것은 없는 것이다. 또 참마음도 없다고 하는 것은 그 마음의 형체인 형상은 없지만, 물질은 아니지만 진리인 정과 신인 영과 혼이 존재하는 것이라. 이 자체가 하늘의 물질 일체를 빼면 빈 하늘만이 있을 것이다.

　이 빈 하늘이 진리인 참마음인 것이다. 이 자체가 근원이고 본래이고 본바닥이고 살아 있는 존재다. 이 존재의 세상이 천극락이고 천극락은 세상과 사람이 이 영혼으로 나 있는 나라다. 인간마음은 허상인 사진이고 신의 마음은 실상인 있음이다. 신의 마음은 참마음인 빈 하늘의 마음이고 인간의 마음은 세상의 것을 사진 찍은 허상의 마음이라. 인간이 이 속에 살고 있어 이 사진을 다 버리면 신의 마음으로 바뀌는 것이라.

인간의 마음

인간의 마음이란 이 세상에 태어나서 눈, 코, 귀, 입, 몸에 의하여 사진을 찍는 하나의 도구이고 세상의 것을 사진을 찍어 간직하는 것이 그 마음이다. 우리가 죄다, 업이다 하는 것은 세상과 하나가 된 마음을 가지고 있지 않고 세상의 것을 사진 찍어 자기 마음의 사진 속에 사니 인간은 세상인 근원을 배신하여 제 세상을 만들어 사니 죄인이고 업을 쌓은 자다.

　인간이 허상인, 세상에는 없는 이 세상에 살고 있으니 이 세상 살다가 죽으면 죽고 마는 것이 인간이다. 그러나 이 죄를 다 사하고 진리에 난 자는 영생불사신이다. 사람의 마음은 세상과 겹쳐져 있기에 사람은 이 자체를 모르고 세상 사는 줄 아나 자기 마음속에 자기가 만든 허상세계에 살고 있으니 이것이 인간의 죄인 것이다. 또 부질없는 인생이고 부평초 인생이고 뜬구름 인생이고 물거품 인생이고 없고 없는 것일 것이다.

　자기의 마음이 허인 인간은 허기가 져서 무엇을 자꾸 집어먹고, 집어먹는 데에서 찾고 얻으려고 하나 그것은 허에 허를 더할 뿐이고 무거운 짐에 고통만 더할 것이다. 그러나 그 짐을 다 버리는 길만이 진정으로 참이 될 수가 있다.

　미완성의 시대는 더하기의 시대였고 완성의 시대는 빼기의 시대다. 허를 다 없애면 진짜가 남을 것이다. 인간이 가짜이기에 진짜가 되는 것은 가짜인 인간을 없애면 되는 것인데 가짜를 두고 진짜를 얻으려는 자는 얻지도 못하고 얻어도 가짜다.

　인간의 마음은 세상을 사진 찍고 가진 감정인 보고 듣고 말하고 냄새 맡고 감각을 느낀 것을 그 마음에 새기어 가진 자기의 세계라. 자기중심적이고 이기적이고 자기밖에 모르는 사진인 허상의 마음밖에 없다.

사람의 마음 따라 간다
사람의 마음속에 허가 든 자는
허 따라 가고 참 찾는 자 참 따라 간다

세상에는 공짜다, 그냥 얻는다는 것은 모두가 빈말이고 자기가 한 만큼 물질도 가지고 사는 것이다.

흔히들 이 마음수련을 하다가도 업이 두터운 자는 하지 못하는 이도 본다. 또 단계도 자기의 그릇만큼 다시 말하면 자기의 업만큼만 하고 더 못 하는 것은 자기의 마음의 그릇이 되지 못해 더 이상의 것은 못 담는 것이다.

우선 남에게 배웠으면 고맙다는 생각을 가지는 그런 마음이 하나도 없고 자기가 잘나 이루었다고 좋아하다가도 자기 틀인 업과 죄 때문에 담을 그릇인 마음이 되지 않았고 그 속서 자기의 소리만 하고 자기의 관념만 이야기하는 속 좁은 이를 많이 본다.

이 세상에는 수없는 이가 살고 있지만 이들의 마음이 같은 이는 아무도 없다. 자기 나름대로의 자기의 마음을 가져서다. 자기가 가진 마음이 허라 참을 아무리 허에게 이야기해도 참이 없기에 알아듣지도 못하고 참이 없기에 듣지 못한다. 예수님께서 '눈이 있어도 보지도 못하고 귀가 있어도 듣지도 못한다' 한 것이 다 자기의 마음의 족쇄에 채워진 인간은 그 속에 있는 것 이외에는 아는 것이 아무것도 없는 것이다. 그 속에 있는 것은 모두 다가 허이고 실이 아니다.

허인 인간의 마음이 실인 세상의 마음이 될 때 세상의 이치도 알고 세상을 바로 보고 바름을 알 것이다. 바름이란 그 마음이 바름이 되었을 때 바름을 알 것이고 바름일 것이다.

사람은 그 모양을 보고 사나 바름은 바름인 그 마음을 볼 것이다. 자기 속에 헛부스러기인 세상에서 생긴 수많은 사연과 배운 모든 것들이 참과는 거리가 더 멀고 인간성의 상실만 더 커져 자기밖에 모르는 자가 많다. 그러나 인간이 인간성을 회복하여 세상에 살면 세상은 그지없이 편안해질 것이다. 서로가 서로를 믿고 신뢰하고 사는 세상이 될 것이다.

자기가 가진 관념 관습의 틀이 다 부수어지면 세상의 것이 모두 다가 수용이 될 것이고 좁아 빠진 자기 속이 부정적인 마음에서 긍정적이고 현실적이고 행동하는 사람이 되어 잘사는 세상이 될 것이다. 인간은 자기 속에 가진 만큼 살기에 가짜인 허세상에서 살면서도 돈벌이와 명예의 학문을 한 자는 그것을 마음속에 먹어놓아 그 마음먹은 대로 살 것이다.

학문도 법도 이 세상에 인간이 만든 것은 모두 다가 그 시대에 따라 있다가 없어지기 마련이다. 자기 마음이 없이 사는 세상, 다시 말하면 의인 성인이 사는 세상은 모두가 한마음이 되어 신명이 나는 세상 살 것이고 모두가 무거운 고통 짐의 마음이 없어 웃음이 그칠 날이 없을 것이다. 너의 나라 나의 나라가 없고 모두가 공정하여 남을 위해 사는 훈장을 받은 이들은 모두 다가 신명 나게 웃으면서 일하고 행복하게 살며 모두 다가 잘사는 세상이 될 것이다. 하늘이 자기 속에 있고 하늘 난 자기가 영원히 사니 죽음도 두렵지 않고 이 세상 저세상이 하나일 것이다.

사람은 구세주가 와도 가도 모른다

인간의 마음은 허이라. 인간은 참이 자기 속에 없기에 참을 모른다. 인간이 사는 이 세상은 마음의 세상이라. 인간은 참인 세상에 한번도 나 있지 않아 참을 모른다. 참인 자가 세상에 없었던 것은 인간은 죄인이라 세상의 것을 사진을 찍어 자기 속에 가지고 있으니, 세상의 것과 하나인 줄 안다.

다시 말하면 자기의 마음의 세상과 세상이 겹쳐져 있어 사람은 세상 사는 줄 착각하고 살아가고 있기에 사람은 하나님의 나라인 참세상을 알지를 못한다.

구세주는 진리이신 창조주인 본래이시라. 이 존재가 사람으로 왔을 때만이 인간 만상이 이 진리의 나라에 다시 거듭날 수가 있어 구세주를 기다리나 이 구세주가 사람으로 오면 인간은 그 모양밖에 못 보고 그 중심인 그 본래의 마음을 보지 못하니 사람은 그 존재가 와도 알 수가 없는 것이라.

이 존재는 허를 참으로 되게 할 것이고 이 존재는 참의 나라를 거듭 다시 부활시킬 것이다. 어디든지 인간이 미완성이라 우리는 종교도 찾고 또 도를 찾아 헤매지 않는가. 완성이 되고 가짜가 진짜가 되는 곳이 있다면 그곳이 구세주가 온 곳이 아닌가.

구세주란 본래인 참의 나라의 주인이시라. 이 존재가 사람으로 왔을 때 이 세상과 인간을 이 나라에 살리는 존재가 구세주라. 이 존재는 살아 있는 신이시라. 물질 창조는 본래의 진리가 하셨고 본래인 진리가 사람으로 왔을 때 사람이 우주의 완성인 우주의 있음의 일체를 진리인 본래의 나라에 살릴 것이다. 이 구세주는 인간의 관념 관습에 있지 않고 또 형상에 없고 그 마음에 있어 그 마음에 이 존재를 가진 자만이 알 수가 있을 것이다.

사람도 이 존재가 되기 위해서는 자기의 죄업을 다 사한 자가 알 수가 있을 것이다. 사람들이 찾는 가장 쉬운 방법은 죄업을 사하는 곳을 찾아야 하고 진짜인 완성이 된다는 곳을 찾아야 할 것이다. 그러면 구세주를 찾을 수가 있을 것이다.

열등의식

인간이 추구하는 욕망은 사람마다 다르나 인간의 열등의식이 그 욕망의 발로인 것이다. 사랑이 결핍된 자는 사랑을 찾고 돈이 결핍된 자는 돈을 찾는다. 또 권력을 좇는 이는 권력을 찾고 자존심이 짓밟힌 자는 자존심을 찾는다. 자기의 성장 과정에서 자기가 부족했던 마음을, 다시 말하면 그것을 채우고자 하는 것이 열등의식의 발로인 것이다. 시어머니께 구박받은 이는 그 마음이 있어 며느리를 구박하고 이런저런 수많은 마음에서 자기가 지향하고 사는 것은 자기 마음의 표현인 것이다.

인간이 자기가 마음먹은 대로 된다는 말은 자기 속에 마음을 먹어놓은 것만큼 더도 덜도 아니게 산다는 뜻이라. 음식은 먹으면 대소변으로 나오지만 우리 인간은 태어나면서부터 수많은 마음을 자기 속에 먹어놓기만 하고 대소변을 보지 못하고 있어 수많은 근심과 걱정이 있고 무거운 짐을 지고 사는 것이라.

그것이 모두가 세상의 것을 마음에 사진을 찍어서 자기 속에 먹기만 먹었지 빼내지를 않아 사진인 그 마음의 세계에서 사람은 죽어 있는 것이라. 그 속인 사진세계에서 이루려고 하고 그 각본의 마음에서만 살아가고 있으니 그것이 허상이고 헛짓거리인 것이다.

　세상 너머의 세상은, 인간의 마음을 없애고 넘어간 나라는 참의 나라인 사진이 아닌 실상의 세계인 것이다. 이 실상의 세계가 자기의 마음에 있을 때 인간은 열등의 의식이 없고 지고한 진리의 마음만 있을 것이다. 여기에 난 자가 신인 자이고 인간의 마음에서 벗어난 해탈한 자이고 자유로운 자이라. 세상살이도 자기의 마음의 사진의 틀 때문에 걸림 막힘이 있으나 이것이 없으면 막히고 걸림이 없어 더 잘살 것이다. 이것저것을 수용하는 마음은 사진세계에서 넘어간 참인 세상의 일일 것이다.

　수용이란 시비분별이 없고 그냥 보고 그냥 사는 것이라. 그 마음의 사진인 틀이 있으면 이것에 걸리고 저것에 걸려서 남과 세상을 원망하고 모든 것은 남의 탓이고 자기를 탓하는 이가 세상에 없구나. 내 마음이 있어 이것도 내 탓이고 저것도 내 탓이라. 이 세상 사람들이 자기를 탓할 줄 아는 때가 오면 누구나가 수용하는 마음이 되어 참마음이 되어 걸리고 막힘이 없이 행하는 사람들은 모두가 잘살 수가 있을 것이다. 인간이 자기가 먹은 가짜인 세상을 없애면 열등의식이 없이 순리의 삶을 살아 잘살 수가 있을 것이다.

　열등의식에서 생긴 마음이 행이 될 때 모두가 최고의 악이 되어 행하니 결과는 악을 낳을 뿐이다. 악은 또 악을 낳고 그 악 속서 죽고 말 것이다. 그 악 속서 고통과 무거운 짐 지고 살 것이다.

자기를 가지고 자기가 깨치고
이루려는 자는 이루지 못한다
자기가 잘못된 허인 존재임 알고 자기를 참으로
버리는 자는 버린 만큼 깨치고 참이 될 수 있다

흔히들 마음공부를 하는 사람들은 자기 나름대로의 열등의식이 있어 마음수련을 찾아온 것 같다. 자기가 이루려던 원과 한을 어떻게든 어디서든 자기가 찾아 가지려고 이곳저곳을 서성이는 사람도 많다. 그러나 분명한 것은 자기가 무엇을 찾으려고 하고 자기가 이루려 했던 사람은 모두가 그 그릇만큼만 하고 떠나갔다.

인간은 본래 존재하는 세상의 것을 자기의 마음속에 사진 찍어 자기의 것을 만들어 사나 이것은 모두가 허이고 자기의 죄와 업이라. 인간은 이 허 속에서 살기에 자기가 세상에서 보고 듣고 느끼고 자기 것이라는 마음의 일체를, 또 자기가 허상임 알고 죄업을 버리는 자는 다 이루는 것 같다.

사람은 누구나 세상 살면서 자기가 추구하고 또 희원하는 것이 이루어지는 자는 세상에는 드물다. 이루지 못한 자는 자기의 신세를 한탄할 것이다. 또 자기를 뒤돌아볼 것이다. 자기의 초라함을 자기가 알기에 자기가 무엇을 추구하여 이루어 자기의 위상을 높여 보기 위하여 마음공부를 한 사람도 많다. 자기가 가진 마음은 상대가 가지고 있지 않듯 그것은 자기의 마음일 따름이다.

인간의 죄는 세상을 등진 죄이기에 자기가 죄인임 알고 자기를 부인하는 자는 이루지만 자기를 가지고 공부하는 사람은 이루어도 허인 자기라. 이 세상에서 가장 원수가 자기이고 이 세상에서 가장 못난 사람이 자기이고 이 세상에서 가장 잘못된 자가 자기인, 자기가 산 줄 알고 착각하고 사나 세상에는 존재하지 않는 세상의 것을 훔쳐 사진의 세계인 허상세계에 사는 자가 자기인 고로 이 허상인 자기를 결사 부인하는 자는 완성을 이룰 수가 있다.

세상만이 완전한데 인간은 자기의 허상인 사진의 마음속에 살고 있기에 가짜이고 없는 자기의 세상을 버리고 진짜인 세상에 들려면 자기를 완전히 부인해야만 될 것이다. 자기를 완전히 부인하고 자기가 가진 마음세계 일체와 관념 관습의 일체를 버려 진리인 세상의 마음과 하나 되게 하는 것이 마음공부다.

허상인 자기가 가지고 얻고 구하려 하지 말고 자기를 완전히 부인하는 자세로 공부하는 자는 쉽게 공부를 이룰 수가 있을 것이다. 또 인간 완성을 이루어 영원히 진리의 나라인 천극락에 살아서 가서 죽음이 없이 그 영혼으로 살 것이다. 세상의 모든 이는 죽으면 진리인 그 참 영혼이 없어 영원히 죽고 말 것이나 자기 속 진리의 나라인 세상 마음을 가진 자는 그 나라에 영혼이 나 영원히 살 것이다.

마음에 가진 만큼 말하고 행한다

인간의 마음의 세계는 세상의 것이 들어 있는 실상이 아닌 허상이라. 그 상에 들어 있는 자는 자기의 마음에 가진 이야기만 늘어놓을 것이다. 그것은 자기가 가진 관념이고 그것은 자기의 주장일 따름이다. 인간세상인 허상의 세계에 사는 자들도 그 마음에 가진 만큼 말하고 행하여 그 시대에 맞는 언행을 하는 자가 좀 더 나은 삶을 살 것이다. 또 자기가 마음속에 먹은 마음만큼 살 것이고 행할 것이다.

인간의 마음은 아무튼 이기적인 자기의 세계를 만든 자기밖에 모르는 마음이어서 자기가 잘되고 자기가 잘나고 자기의 자랑이 다일 것이다.

그러나 인간의 마음이 사라지고 신의 마음이 될 때 인간은 신명이 나는 삶을 살 것이다. 신령스럽게 살 것이다. 신의 나라에 일하고 일체의 근심 걱정이 없고 자유이고 해탈이고 자기가 없어 남이 잘되고 남을 위하여 일하고 살아 의의 나라에 복 짓고 살 것이다. 의의 나라는 죽음이 없기에 생사가 일여

함 알고 죽어도 죽지 않아 영생불사신의 나라에 신이 되어 사는 나라가 의의 나라라. 이것이 허가 참이 되는 것이라.

인간은 인간이 되어 살아야 세상도 잘살 것이다. 잘산다는 것은 참이 되어 사는 것이고 잘산다는 것은 의의 나라 사는 것인데 사람은 누구나 전인인, 자기가 참 됨이 으뜸이라.

교육의 우선은 인간을 참 되게 함이 먼저이고 그다음에 먹고사는 공부를 시킬 때 모두가 더 잘사는 나라가 될 것이다. 먹고사는 것도 의식이 커져 본정신 차리면 서로를 위하여 모두가 잘살 것이다. 우리의 마음을 신인 진리의 마음으로 바꿀 때만이 우리로 살 것이다.

우리나라의 한얼 사상의 한얼, 다시 말하면 한 정신이 되어 다시 나면 모두가 지혜가 있어 어리석은 짓을 하지 않을 것이고, 자기의 세계인 마음속에 갇힘이 없으니 행을 하여도 결과인 실을 얻으니 훨씬 더 잘살고 모두가 기뻐 살 것이다. 우리의 마음을 허마음에서 참마음으로 바꾸는 것이 급선무이고 무엇보다 사람이 마음 놓고 살 수가 있는 그런 세상이 될 것이다.

도 하는 이들

사람은 자기가 잘되기 위하여 잘나기 위하여 또 자기의 열등 의식을 채우기 위하여 도를 하나, 도란 존재는 진리 존재라 이와는 상반이 된다. 참인 도가 되려면 자기마저 버리고 자기의 관념 관습의 일체를 벗어나야 도의 자리에 갈 수가 있는 것인데 자기가 이루고 자기가 도를 구하려고 하니 사람들이 실패를 많이 하는 것 같다.

도는 가짜가 진짜가 되는 것이다. 가짜인 자기는 버리기만 하면 되는 것인데 자기 속에 도를 챙기려니 도가 가짜 속에 챙겨지지 않으니 도를 못 하는 것이다. 성경 불경에 마귀 마구니라는 말이 있다. 이것은 가짜인 나를 일컬어 하는 말이다.

불교에서는 도 이루기가 은철산을 헤쳐 나오는 것과 같다고 하였다. 그만큼 허상인 자기가 떨어지지도 않고 강하게 허상인 자기의 마음의 세계를 만들어 놓았다는 이야기다.

자기를 다 버리면 그야말로 자기의 열등의식과 자기가 잘되기 위해서 잘나기 위해서 하려 했던 것이 다 이루어지나, 어디

가서 자기의 세계에 얻으려고 찾아다니는 자는 결국은 얻지 못하고 그 업만 더할 뿐이다. 세상에는 공짜가 하나도 없다는 이치를 앎이 중요하다. 또 이것이 세상 이치다. 노력하지 않고 이루려는 사람들이 많이 있다. 그것이 세상 살아온 자기 습이다. 자기의 마음 꼴대로 행하고 사니 인간은 꼴값하는 것이다. 인간이 참을 이루고 못 이루고도 자기 마음의 꼴값을 하는 것이다. 그 꼴은 필히 그 값을 치른다.

잘못 알고 있는 도

마음속의 일어나는 상은 허상이다. 또 듣고 보는 것도 허상인 자기의 마음속이다. 사람들은 도를 하여 자기가 잘남을 과시하려고 무엇을 얻으려고 하는 자들이 많다. 한마디로 말하면 도란 자기의 마음 몸 일체를 하나도 남김 없이 다 버려 만고불변의 참인 존재가 자기의 마음이 되어 참마음에서 다시 나는 것이다.

이 세상에 도의 방법은 분명히 도의 주인이 세상에 왔을 때만이 그 도로 가는 방법이 있을 것이다. 이 세상에는 도로 가는 방법이 없었다. 그 도로 가는 방법이 없었던 것은 참인 도의 존재가 세상에 오지 않아서이다. 사람들이 흔히들 말하는 미륵이 오고 구세주가 오고 또 정도령이 오고 대두목이 온다는 예언은 세상의 주인인 도의 주인이 온다는 이야기일 것이다.

사람이 자기 마음속에 살고 있어 다시 말하면 도를 등지고 살고 있기에 등지고 있는 자기의 마음과 몸을 버리는 것이 도이고 또 도는 허가 참으로 가는 것이고 가짜가 진짜가 되는 것이 도다. 또 인간마음에서 정신인 본바닥의 마음이 되는 것이 도다. 가짜이고 허인 인간이 도를 이루는 것은 그 허상세계에서 진짜세계로 나오는 것이고 이는 고무철산을 빠져나오기보다 더 힘이 든다. 우리나라 말에 백만 대군을 이기기보다도 자기 자신을 이기기가 더 힘이 든다는 말은 바로 이 말일 것이다.

　도를 시키다가 보면 사람들은 자기를 가지고 도를 하기에 사람들은 허인 자기가 참을 가지려고 하니 결국은 허인 것이다. 자기의 열등의식이 강한 자일수록 도로 무엇을 얻으려고 하다가 빙의가 되는 경우가 흔히들 있다. 이들은 버리지 않고 허인 자기가 이루려고 하다가 생기는 일이다. 흔히들 또 자기의 마음의 세계에서 진리의 하늘인 줄 착각하고 거기에 났다는 이도 있고 하늘서 왔다는 이도 있다. 이것은 모두가 하늘이 아닌 가짜인 자기의 마음의 세계에서 난 것으로, 버려서 본바닥으로 가야 하는데 죄가 더 가중되어 길만 멀어지고 또 이들은 죄가 많은 이에게 이런 일이 발생한다. 자기의 욕심에서 생긴 일이고 그 세계에서 보고 아는 것은 망상인 귀신들이 하는 짓이다.

　진리는 본바닥에서 본바닥의 마음이 되면 지혜로 알아지는 것이지 무엇을 보고 듣고 안다는 것은 모두가 귀신인 자기의 소리다. 이것이 바로 현대 의학에서는 망상증이라고 하고 이 망상증에 딴 사람들이 들면 모두가 집단망상증 환자가 되는 것이다. 이것이 내림굿이나 다를 바가 없는 것이다. 하늘에 있는 어떤 세상을 본다고 하고 아는 소리를 하는 것은 열등의식의 발로에서 자기의 욕심을 이루려는 자가 이런 현상이 일어나는 것이다.

똑같은 염파의 사람들은 이 경우에 가짜세계인 그 미친 자의 마음속에 들어가 같은 짓을 하고 같은 소리를 하는데 미친 이는 미쳐 있는 줄도 모르고 함께 정신 공동망상증인 세상에서 그 꿈을 못 깨고 귀신 짓을 하는 것이다. 망상이 귀신이고 공동귀신인 것이다.

참 진리의 세계의 유정으로 나 있는 영혼은 생로병사로부터 해탈이 되었고 탐진치칠정오욕으로부터 벗어난 자유의 자리이고 안다는 것이 끊어진 자리다. 그 세계를 한 번 본 자도 자기 마음세계 속에 넣어서 자기가 어떤 면류관을 받았다든지 자기가 주인이라든지 하는 자는 자기 마음속에서 자기가 하는 소리인 것이다. 귀신인 자기를 버리지 못하는 자가 그 귀신이 열등의식에서 그 욕심이 생겨 일어나는 망상인 귀신 짓이다.

하나님도 하늘나라도 자기 마음속 있다는 것은 그 망상의 마음속이 아닌 이 세상과 하나 된 마음속에 이 세상이 하나님 나라이고 하나님이신 본바닥이 자기의 마음속 있는 것이지, 자기 마음에 사진처럼 일어나는 것은 신의 세상이 아닌 인간 자기의 거짓된 마음세계이다. 영원히 죽고 마는 것이다. 집단망상증에 걸린 자들은 우리나라 말에 귀신 패당 짓는다는 말이 있듯이 이들은 패당을 지어서 공동망상증 환자다. 무엇을 듣는다든지 계시를 받았다고 하는 것은 모두가 자기의 허상인 마음속에서 나온 것이다.

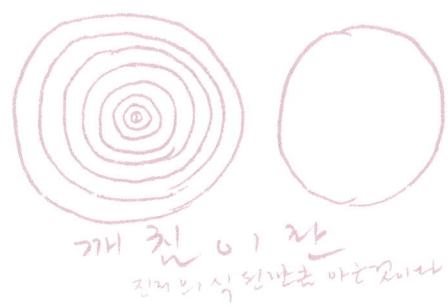

> 사람은 모두 죽고 만다
> 살아서 진짜인 참이 안 된 자는
> 모두 죽고 만다

 사람들은 자기가 죽어서는 어떻게 되나 생각은 해보나 그 해결과 답이 사람들에게는 없는 것이다. 사람들은 각 종교에서 자기들은 죽으면 천극락에 가는 줄 아나 사람은 자기가 만든 마음의 세상 속 살아 사람은 살지를 못하고 죽고 마는 것이라.
 왜냐하면 사람의 마음의 세계는 세상의 것을 자기 속에 넣고 살고 있고, 그것이 세상을 복사한 사진의 세계이다. 그 속에 사는 사람은 허라 없는 존재이고 하나의 비디오테이프 속에 찍힌 자기가 허이듯이 세상에 나 있지 않아 살아 있는 진리의 영과 혼이 없기에 사람은 죽어 있는 것이라. 자기의 영혼이 부활이 되지 않아 죽어 있는 것이라. 자기가 그린, 또 만든 마음의 세상에서 가짜인 자기가 그 집착으로 망념인 인간 육의 그림자가 산다고 생각하고 산다.
 비디오테이프 안에서 밥도 먹고 말도 하지만 그것은 실이 아니지 않는가. 실은 세상에 난 것만 실인데 인간은 세상을 찍은 비디오테이프 속 살아서 인간은 거짓인 것이라. 산 자는 진리인 세상의 마음을 가지지만 자기의 마음속에서 진리인 영혼이 나 있지 않는 자는 모두가 참 영혼이 없어 영원히 죽고 마는 것이라.

  사진인 인간마음을 신의 마음으로 바꾸는 것이 회개하는 것이고 참회하는 것이라. 인간은 가짜라. 진짜가 되어 진짜나라에 나 있지 않는 사람이 죽으면 죽고 말 것이나 나 있는 자는 그 영과 혼이 나 있기에 살아 있을 것이라. 가짜인 자기는 다 버리고 진짜나라에 가서 그 나라에 난 자만 살 것이다. 그 외는 다 죽고 말 것이다.

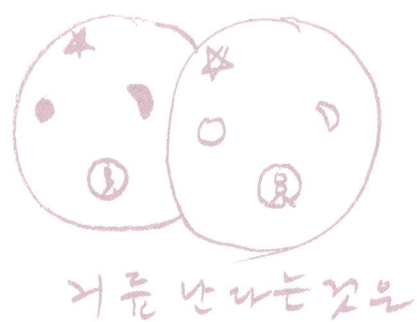

죽어봐야 저승을 알 수가 있지

무슨 말을 하다가 그 해답을 모르면 우리나라의 말에 '죽어봐야 저승을 알지' 하는 말이 있다. 이 세상에 있는 자는 아무도 저승에 관하여 명확히 아는 자가 없다.

흔히들 살아서 좋은 착한 일을 한 자는 천국에 가고 나쁜 짓을 한 자는 지옥에 간다는 종교에서 하는 말은 있으나 이것에 관하여 명확한 해답이 없는 것이다.

저승은 있는 것인가 없는 것인가.

내가 이 세상에 태어나기 이전에도 진리인 살아 있는 본래 존재인 우주의 하늘은 있었다. 나도 만상도 이 존재에서 와서 살아 있어도 이 존재는 있고, 나와 세상이 없어져도 이 존재는 있고 또 이 존재로 되돌아갔지 않는가. 인간은 이 존재에 비하면 일 초도 아닌 꿈을 꾸고 자기의 삶을 위하여 꿈속에서 본래인 근원을 버리고 자기 삶을 살았다. 이 꿈을 꾸는 자기를 버리고 꿈인 장소와 꿈속의 내용을 다 없애면 그것이 바로 죽음인 것이다.

이 우주에서 꿈속에 있는 삶을 다 버리면 근원으로 되돌아 가지 않는가.

이 근원에서 다시 나면 바로 본래 존재인 영혼이 나보면 저승을 알 수가 있고 세상의 이치를 다 알 수가 있지 않는가.

이 세상에 있는 모든 물질은 본바닥에서 와서 본바닥으로 가는 것이 진리이고 그 본바닥에 난 세상과 사람은 영원히 살 것이다. 살아 죽지 않는 자는 참 나라에 참 영혼이 없기에 죽고 만다. 이때까지의 모든 이는 죽고 말았다. 저승이 없었다. 지옥인 자기의 허인 마음속은 없는 것이다.

살아서 죽어보면 저승이 있는지 없는지 알 수가 있다. 지금은 저승이 있는 시대다. 자기가 죽어 저승에 난 자는 저승인 참세상이 있고 저승에 사는 나도 있는 것이다.

천국 극락은 무엇인가, 지옥은 무엇인가

성경에 보면 하나님도 너희 안에 있고 천국도 너희 안에 있다고 했고 불경에는 너의 마음이 부처다라고 했고 극락이 자기 마음 안에 있다고 했다. 이 말들은 서로 뜻이 다른 것 같으나 한뜻이다. 불교인들은 극락을 부처님이신 석가모니가 계시는 곳이 극락이라고 믿고 있고 기독교인들은 천국을 예수님이 계시는 나라가 천국이라고 믿고 있다.

이 존재들은 공히 허가 아닌 실의 존재로서 살아 있는 진리의 존재다. 우리는 사람을 볼 때도 그 모양을 보나 진리가 된 자는 그 진리 됨을 볼 것이다. 그 사람이 얼마나 진리가 되었느냐에 따라서 살았느냐 죽었느냐를 알 수가 있을 것이다. 또 사람의 가치가 평가가 되는 것이다.

사람은 자기가 만든 마음의 세상에 살고 있기에 사람은 세상 사는 줄 아나 세상에 나 있지 않고 죽어 있는 것이라. 세상과 겹쳐져 있기에 자기의 마음의 세상인지 아닌지를 사람은 모른다. 그러나 사람은 참인 세상에서 보면 허상인 자기가 만든 사진세계에 살아왔고 또 앞으로도 그 허상세계에서 살아갈 것이다.

그래서 사람은 그 사진의 세상에 살다가 죽으면 자기가 만든 허상세계에서 허상으로 영원히 죽고 말 것이다. 그러나 그 허상의 세상을 다 부수고 우주의 근원인 본바닥의 마음으로 되돌아가면 진리인 그 본바닥의 마음 안에서 다시 난 세상이 천국이고 극락인 것이다. 참인 이 세상이 천극락이다.

이 세상 밖의 세상이 있다고 생각하는 것은 하나의 허인 것이다. 가짜인 나를 또 나의 마음을 다 없애고 우주의 물체 일체를 다 없애면 본바닥이 나오지 않는가. 그 본바닥의 재질로 다시 난 나라가 천국인 것이다. 이것은 천극락의 주인만이 다시 나게 할 수가 있을 것이다.

이 나라는 살아 있는 나라이고 영원불변하는 나라이고 죽음이 없는 참의 나라이고 일체의 인간의 관념 관습인 자기가 없고 우주 본질의 마음이 되어 다시 나니 근심 걱정이 없고 해탈이고 자유이고 신의 정신이 된 나라라. 살아 진리로 난 자는 자기 마음속 부활한 신이 천극락에 나 있기에 이 몸은 없어져도 그 신이 자기 마음속서 영원히 살 것이다.

마음이 세상 근원의 마음이 된 자민 천극락에 갈 수가 있는 것이라. 또 영원히 살 수가 있는 것이라.

영혼의 유무

성경에 보면 예수님을 믿지 않는 자는 영원히 죽고 만다고도 했고 또 지옥에 간다고도 했다. 또 사람들이 죽으면 영혼이 있느냐 없느냐에 관심도 많다. 그러나 참 영혼은 나서 살아 있고 허 영혼인 가짜 영혼은 있으나 없는 것이어서 그것이 허상인 사진이라. 자기의 망념 속서 헤매는 거짓이라 그러하다. 그것은 없는 것이다. 그것은 실이 아닌 허라 없음이다.

 살아서 자기 속의 참의 나라에, 다시 말하면 자기 마음이 참이 된 자의 마음에 참인 자기가 난 자가, 이 영혼이 난 자가 영원히 살 수가 있는 것이라.

 사람이 살아서 자기의 죄를 다 사하여 참이 되어 참의 나라 난 자는 영혼이 부활되어 영원히 살 것이고 참의 나라 나지 않는 자는 영원히 죽고 말 것이다. 살아서 자기 마음속의 참의 나라에 영혼이 부활된 자는 영혼이 있고 참이 안 된 자는 영혼이 없다.

영원히 사는 것은 물질이 아니고 영혼이다

이 세상에 있는 물질은 영원한 것이라고는 아무것도 없다. 하늘에 떠 있는 수많은 별들과 태양과 지구 달도 물질이라 과학자들은 수명을 50억 년에서 150억 년으로 추정하고 있다. 지금 이 순간에도 하늘에는 별들이 탄생하고 또 없어지고 있다. 이 세상에 있는 물질 일체는 본바닥인 하늘 이전의 하늘인 본래이며, 우주에 있다고 생각하는 일체를 뺀 모습인, 아무것도 없는 공의 자리일 것이다. 물질의 일체는 이곳에서 와서 이곳으로 가는 것이 세상의 이치인 진리인 것이다. 물질은 수명이 있어 영원한 것이라고는 없는 것이다.

천국이니 극락이니 하는 곳도 바로 이 세상이 근원의 나라에 나 있는 세상이고 이 나라만이 진리의 없어지지 않는 나라라. 이 나라에 이 진리인 재질로 다시 거듭 부활하지 않고는 영원이라는 곳은 없는 것이다. 영원이라는 단어는 진리나라 이외는 없는 것이다.

어떤 종파는 이 인간과 세상이 영원히 살 수가 있다고 하나 그 경의 참뜻을 몰라서다. 이 땅 이곳에서 영원히 산다고 하면 물질로 사는 줄 알고 있으나 창조주의 나라인 이 땅 이곳에 난 영혼이 영원히 사는 것이다. 다시 말하지만 물질이란 없어지는 것이 세상 이치인 진리다. 본래에서 와서 본래로 되돌아감이 이치다. 그러나 그 진리인 본래의 나라가 천국이고 극락이고 참을 믿어 참이 살아서 되어 그 나라 난 자는 이 세상이 있는 이 땅 이곳에서 영원히 살 수가 있을 것이다.

사람이 죽으면 어디로 가는지 궁금해하는 사람은 많으나 자기가 진리의 재질로 나지 않은 자는 그 영혼이 없기에 죽고 말 것이다. 이론이나 말로만 하지 말고 회개하여 천국에 나보면 세상의 이치를 다 알 것이다. 회개가 된 만큼, 참이 된 만큼 아는 것이 깨침이고 참이 되면 세상의 이치를 다 알 수가 있을 텐데 자기가 읽은 경의 그 참뜻을 모르면서 맞는 줄 알고 믿고 있다가 보면 영원히 죽고 말 것이다. 자기의 생각을 한번 고쳐먹고 참이 되는 곳 찾아 자기가 참이 되어보면 참 영혼이 진리인 영생불사신임을 알 수가 있을 것이다.

참은 참을 알고 허도 알지만 허인 자기는 참도 모르고 허도 모르고 그냥 자기가 읽은 경의 그 진정한 의미도 모르고 인간의 마음으로 해석하고 있기에 참 의미를 알 수가 없다. 무엇보다도 참이 되는 것보다 더 높고 지고하고 완전한 것은 없기에 이 자체가 되어 완성을 이루면 이 세상의 이치를 다 알 수가 있을 것이다.

세상의 이치

이 세상은 온 곳이 본바닥이고 갈 곳이 본바닥이라. 이 세상에 있는 것은 땅이 있어 있고 이 땅은 지구가 있어 있고 지구는 빈 하늘이 있어 있다. 물질의 일체가 없는 순수 빈 하늘이 본바닥이고 진리다. 이 세상에 모든 것은 온 곳이 이곳이요, 세상에 있었던 수천 년 전의 있었던 동식물은 지금은 없어지지 않았는가. 이것이 없어진 자리에 본바닥만 남아 있지 않은가. 이 자리가 진리인 우주의 근원의 자리다.

　우리 인간도 죽으면 역시 마찬가지다. 이곳에서 와서 이곳으로 가는 것이 자연의 섭리이고 이치인 진리다. 이 본바닥인 창조주의 자리에 본바닥의 재질로 다시 나야만 이 세상이 구원이 되고 사람도 살 수가 있다. 이 세상에 살다가 간 수많은 사람과 동식물은 모두 다가 이곳으로 되돌아가서 돌아가신 것이다.

　이 세상에 없는 것은 없는 것인데 인간이 세상의 것을 자기 마음속에 모두 다 복사하여 이 복사의 나라에 사는 것이 지옥이고 이것은 진리인 세상에 없는 것이어서 없는 것이다. 사람은 이 지옥인 허상의 사진세계를 없애지 않고는 천국 갈 자가 아무도 없다. 천국은 이 세상의 본바닥이고 이곳에 진리인 이 재질로 나지 않고는 영생이란 있을 수가 없고 영원은 있을 수가 없다. 이곳이, 천국 극락이, 인간이, 이 우주가 영원히 사는 나라이다.

우리는 근원으로 되돌아가서 근원에서 다시 나야 한다. 근원으로 되돌아감은 자기가 다 없어졌을 때이고 자기가 다 죽어야 다시 나고 거듭나고 부활할 수 있는 것이다. 이 세상의 물질 창조는 창조주인 본바닥이 했듯이 정신 창조는 창조주인 사람이 할 수가 있다. 세상의 주인만이 할 수가 있는 것은 자기의 세상에 있는 만상을 정신의 나라에 두고 안 두고는 주인의 뜻일 것이다. 이 세상의 주인만이 할 수가 있고 이 나라에 살릴 수가 있다. 그래서 기독교에서는 하나님만이 우리를 구원할 수가 있다고 하고 불교는 미륵이 와서 세상을 구원한다고 했는데, 모두 다가 세상의 주인이고 본바닥의 주인을 말한 것이다.

죽는 것이 사는 것이고
사는 것이 죽는 것이다

불경의 대반열반경에 보면 후일에 미륵의 세상에는 대반열반이 나온다고 하였다. 대반열반이란 남음이 없이 다 죽는 것이라. 이 말은 인간의 몸 마음에 가진 일체를 다 버리는 것이라. 없애는 것이 죽는 것이라.

죽음이란 없는 것이라. 크게 죽는 것은 남음이 없이 다 죽는 것이라. 인간이 마음속에서 다 죽이고 관념 관습 일체를 다 버리는 것이라. 이것이 대반열반이고 무여열반이고 다 죽으면 본래인 우주의 근원의 마음인 본성이 나오는 것이라.

이것이 본마음이고 하나님 부처님 알라 한얼님인 것이다. 또 진리인 것이다. 가짜인 인간이 다 죽고 참인 신의 마음이 되어 신의 영혼으로 다시 나는 자는 극락이고 천국이고 신선의 세계이고 진리나라에서 영원히 살 것이다.

기독교에서는 '죽으려고 하는 자는 살고 살려고 하는 자는 죽는다'는 말씀이 있다. 이 말씀도 마찬가지다. 가짜인 자기가 다 죽으면 진짜인 자기의 나라에 진짜인 자기가 다시 나 사니 가짜는 죽어야 하는 것이다. 인간은 자기가 살아 있다고 생각하나 이 세상인 진짜의 나라에는 없는 고로 죽은 존재인 것이다.

죽은 존재인 사람이 사는 방법은 가짜인 사람을 버리는 것이다. 가짜는 죽어야 새것인 참사람으로 다시 날 수가 있다. 사람들은 흔히들 이 몸이 구세주가 오면 영원히 사는 줄 알기도 하고 이 몸의 영혼이 사는 줄 아나, 인간은 참세상인 세상의 마음이 없는 고로 참세상 나지도 못하고 참세상에 참 영혼이 없기에 죽은 것이다.

살아서 자기가 죽어 다시 부활하지 않고 산다는 것은 헛된 말이 아니겠는가. 자기를 회개 참회 하는 것은 자기의 죽음이다. 진리를 등진 자기를 다 없애는 것이다.

진실한 자기의 회개인 죽음이 없고는 죄 속인 가짜세계에 가짜인 자기가 사니 산 것이 아닌 죽은 것이고, 자기가 다 죽은 자는 진리나라에서 영원히 살 것이다.

거듭남, 다시 남

무엇을 찾고 무엇을 알고 무엇을 얻으려고 하는가.

내가 다 죽으면 얻고 아는 것이 없는 것을, 일체가 끊어진 공심 자체가 내 마음이 되어 세상과 하나가 된 마음이구나. 세상이 내 안에 세상 안에 내가 있고 만상 안에 세상이 있구나. 먼지의 무게나 지구의 무게가 같은 것은 먼지 안에 세상이 있어서이라.

이것이 하나님의 마음과 하나 된 마음이고 이것이 살아 있는 진리의 본바닥의 마음이라. 일체가 하나 자체이고 일체가 진리라 살아 있구나.

진리의 마음은 살아 있으나 그 마음이 없어 천지 일체를 수용하여 내 마음속에 있고 하늘나라인 본바닥의 주인이 우리를 구원하여 줄 것이다. 구원이란 허인 나를 버려 참이 되는 것이 구원이고 구원이란 내가 다 죽어 천지가 다 죽어 본바닥만 남고 본바닥의 영혼으로 다시 남이 구원이라.

하나님만이 우리를 구원하실 수가 있고 하나님만이 우리를 살릴 수가 있는 것이라. 진리이시기에 그 말씀이 진리고 그 말씀으로 거듭 다시 나게 하시는 것이라. 계란이 같은 계란이나 유정란이 있고 무정란이 있듯이 생명인 진리의 씨가 있는 자가 영생불사신이 될 수가 있는 것이라. 살아생전 자기의 죄를 다 사한 자가 하나님의 품으로 되돌아가서 하나님이 부활시켜줄 것이다. 거듭나고 다시 나고 부활함은 가짜인 자기를 가지고는 거듭 다시 부활할 수가 없다. 가짜인 자기를 없애고 참 나라 가서 참 나라 주인이 다시 나게 할 때 다시 나 살 수가 있는 것이라. 이 세상도 주인의 말씀으로 진리로 거듭나지 않고는 살 자가 없다.

지옥 가는 자, 천국 가는 자

이 집은 땅바닥이 있어 있고 땅바닥은 지구가 있어 있다. 지구는 허공인 우주가 있어 있다. 하늘에 떠 있는 태양 달 별도 허공인 우주가 있어 있다. 이것이 천지 만물만상의 본바닥이고 주인이시다. 이 자체가 천지를 낸 주인이시고 창조주이시다.

우리가 이 세상에 안 태어났다고 한번 생각을 해보자. 이 본바닥은 영원 전부터 있었고 지금도 영원 후에도 있지 않은가. 내가 태어나기 이전에도 태어나고 없어져도 존재하는 것이 이 존재다. 내가 안 태어났다고 생각하여 보면 내가 본바닥이지 않은가.

여기에서 내가 태어나 허상인 꿈속에서 살기 시작하였다. 본래인 본바닥을 떠나 자기의 마음의 세계에 살기 시작하였다. 천만 년 전 오백만 년 전 또 만 년 전 이 지구상에 있었던 물체는, 또 사람은 이 세상에 없지 않은가. 본비닥을 떠나 내 마음속에 살고 있는 나도 천만 년 오백만 년 만 년 전의 물체와 사람들처럼 세월이 가면 없어지지 않겠는가.

비유컨대 이 본바닥의 세월에 비하면 나는 1초 동안 이 세상서 꿈꾸고 있었던 것이다.

그 꿈속에서 나만이 가지는 세계가 있다. 내 고향도 부모 형제 조상도 있었고 또 학교 다녔던 일과 가족들이 있고 처자가 있었다. 돈 사랑 명예도 있었다. 본바닥을 떠난 나의 삶이었다. 이 본바닥서 보면 1초 동안 나만이 헛꿈을 꾸고 있었다. 이 꿈 꾼 것을 다 없애어 버리는 것이 마음수련 공부다.

그리고 이 꿈을 다 버려 본바닥으로 되돌아가는 것이 꿈을 깨는 것이고, 본바닥에 나서 꿈을 꾸지 않게 된 자가 천국 난 자다. 천국은 이 실상세계이고 참의 세상인 이 세상의 마음과 하나가 된 자가 사는 곳이다. 지옥은 꿈꾼 세계 속에서 사는 것이나 지옥은 허라 없는 것이다.

우리 인간도 모두가 지옥세계에 살고 있으나 사람은 천국을 모르기에 지옥세상 또한 모른다. 천국 난 자만이 지옥 알고 천국 알 수가 있다. 인간 삶의 꿈의 세상에 살고 있는 자기와 꿈꾼 것들을 다 부수면 참인 본바닥만 남고 거기 난 자가 영원히 살 수가 있을 것이다. 천국 지옥은 허를 다 부순 참세상이 천국이고 인간의 삶을 가지고 자기의 마음속서 사는 것이 지옥세계다. 지옥세계를 부수고 천국에 다시 난 자만 천국 갈 수가 있다.

인간은 가지어 이루려고 하나
가짐에는 이루어지는 것이 하나도 없다

우리 인간의 삶은 가지는 것만 배워 왔다. 그 가짐과 집착은 자기 열등의식의 표현인 것이다. 많은 이들이 성인이 되기보다도 자기가 배운 술수로 무지한 중생을 속여서라도 자기가 잘나 보이고 또 금전을 벌려는 목적으로 도를 찾는 이도 많다.

그러나 도란 무엇을 얻고 무엇을 구함이 아니고 버리는 것이다. 거짓된 자기를 다 버려서 참인 자기가 되는 것이 도인 것이다. 얻으려는 자는 어리석은 자이고 얻는 것이 없을 것이고 찾으려는 자도 어리석은 자이고 또 찾지 못하고 고통 짐만 더 질 것이고 정신의 폐망에 이를 것이다. 인간이 가져서 자기가 이룬 자는 결국은 가짜인 자기인 것이다.

그러나 그 인간마음에 있는 것을 버리면 버릴수록 참이 들어와 참을 알 것이고 버리고 버리다 보면 주범인 열등의식에서 자란 자기가 잘나고 이루려는 모든 것들이 사라지고 또 그 자체를 넘이선 신의 세계에 가서 자기가 갈구하는 세상에 있는 일체가 다 이루어질 것이다.

인간의 관념 관습의 일체로부터 벗어남이 다 이루는 것이지 자기의 열등의식의 욕심을 채우는 것으로는 이루어지지가 않는 것이다. 더 죄만 짓는 것이다. 또 그 욕심에 빙의가 될 뿐이다.

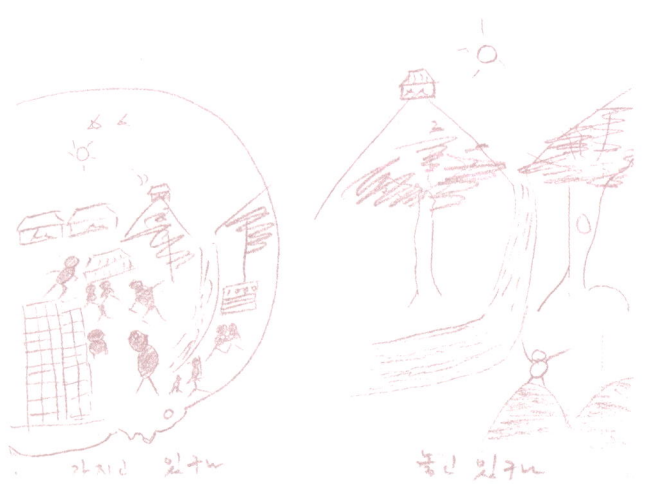

빙의란

빙의란 허상인 자기의 마음에서 또다시 허상인 자기가 남이라. '하늘에서 왔다, 하늘의 옥황상제다, 또는 옥황상제의 딸이다'는 것도 자기의 마음의 세계에서 자기의 환(幻)인 것이다. 하늘서 오면 본하늘서 와야 하고 하늘서 왔다면 본바닥서 와야 하는데 자기의 마음의 세상에서 오니 이것이 허인 것이다.

하늘을 본다는 것도 자기 마음속의 하늘을 보고 있고 참 하늘이 자기 마음의 하늘이 되니 이것이 거짓인 것이다. 사람은 사진 찍은 세상에서 그 세상의 망념이 다시 나니 이것이 빙의인 것이다.

나는 가야산에서 처음 도를 펼 때 많은 이들에게 하늘을 보게 하였다. 그들은 모두가 자기의 마음세계를 가지고 있는 이들이라 이 세계를 보는 즉시 자기 마음세계에 사진을 찍어 자기 마음세계에서 움직이고 있으니 그것이 하루만 지나도 다 자기의 마음에서 하는 소리임을 알고 그다음부터는 보이는 것을 하지 않았다. 이런 사람은 자기 마음세계의 허인 하늘을 가지고 있어 헛소리를 하는 자들이 많았고 또한 자기를 진정 다 버리지 못하고 자기의 마음에 갇혀 죽고 마니 하늘 본 자가 끝까지 공부한 자가 거의 없다. 영원히 죽고 만 것이다.

빙의란 자기의 마음에서 참에 어긋난 행을 하는 자가, 어긋난 자기의 환이 그 열등의식을 채우려는 욕심에서 생기는 것이고 허인 자기를 더 믿고 참에 순응하지 않는 하나의 죄인 중 죄인이라. 아는 소리를 하는 자를 우리는 '죄가 많은 이다'라고 말한다. 흔히들 신병이니 무슨 천신이니 하는 것은 모두가 허상인 인간마음에서 또 다른 환상의 세계에 갔으니 참과는 거리가 먼 죄인 중 죄인이다.

자기의 본심이고 본마음인 하늘을 속인 역천자에게 이런 현상이 있는 것이다. 참은 인간 삶의 것을 아는 것이 참이 아니고 아는 소리 하는 자는 다 헛소리인 허다. 단지 참인 자는 지혜로 알아지는 것이다. 지혜는 우주의 본정신 차린 자가 지혜가 있을 것이다.

망상의 하나님과 전지전능

　일반적으로 우리는 하나님이 어디엔가 하늘나라에 형상으로 존재한다고 생각하고 있다. 그러나 이 하나님의 본래의 존재는 이 우주의 천지 만물만상을 다 지우고 나면 빈 하늘이 남는다. 이 빈 하늘마저 지우고 나면 없어지지 않는 존재가 우주의 근원이고 창조주이신 성모 성부의 진리의 존재가 남는다. 이 존재가 우주의 근원이고 하나님의 존재다.
　이 존재에서 하늘에 별 태양 달 지구가 나고 지구의 만물이 난 것이라. 하나님은 전능하시다는 뜻은 천지의 일체의 형상을 다 창조하셨으니 전능한 것이다. 만물은 일체의 조건에 나고 순리의 하나님이 창조하신 것이라. 창조는 스스로 나타났지만 본바닥인 하나님이 창조하신 것이라. 창조를 하시어 만상이 나타나니 전능하신 것이라.
　전지란 이 본바닥이시고 진리이시 이 하나님 부치님의 신의 입장에서는 세상의 이치를 다 알 수가 있으니 전지한 것이라. 전능전지는 세상을 다 창조하고 세상을 다 아는 것이라. 이것은 인간의 의식인 마음이 세상과 하나가 될 때 하나님을 알 수가 있고 전능과 전지를 쉽게 알 수가 있다. 또 하나님의 창조는 구세주이신 하나님이 세상에 왔을 때 죄 속서 살고 있는 인간을 하늘나라인 하나님의 나라에 데리고 가서 그 말씀으로 하늘나라에 거듭나게 하시고 다시 나게 하시고 부활시켜 줄 것이다.

또 구세성인이 와야 한다고 정감록에는 이야기하여 왔고 또 불교에서는 미륵부처님이 오셔야 불국토가 이루어진다고 한 것은 자기의 마음이 가짜인 인간마음을 신인 세상의 마음으로 바꾸고 세상과 하나 된 자의 마음속에 세상을 진리의 근원의 몸 마음으로 다시 나게 하실 때, 또 사람을 진리로 다시 나게 하실 때 구원인 것이다. 하나님의 구원은 말씀으로 하신다. 인간마음이 근원으로 간 자의 마음에 세상을 다시 부활되게 하고 사람도 부활되게 하신다. 이것이 세상 주인이 왔을 때만이 가능한 일이다.

우리는 각 종교에서는 진리를 말로만 하고 있다. 구세주가 오면 인간이 다 진리가 되어 영원히 살 수가 있다. 우리는 이때까지 마음에 더하기만 하여 무엇을 얻으려고만 했다. 우리가 수없이 원수를 사랑하라는 이야기로는 사랑이 되지 않고 진리를 아무리 들어도 진리가 되지 않는다. 단지 인간마음을 신인 세상의 마음으로 바꾸어 진리인 세상에 다시 나는 길만이 영원히 살 수가 있고 진리가 되는 길이다.

　말로만 하던 진리를 이제는 인간마음을 빼기만 하면 누구나가 다 진리가 될 수가 있는 것이라. 마음수련에서는 이때까지 자기 마음을 더하기만 하던 시대에서 빼기를 하여 진리가 되어 다시 나 사니, 인간이 이루려고 하던, 모든 종교에서 이루려고 하던 궁극적인 목적이 달성이 되니 마음수련이 위대한 것이다.

속지 마라, 사람에게는 저승은 없다
사람은 죽으면 없어진다

사람들은 흔히들 천도식도 하고 또 사람들은 자기가 믿는 종교에서 구원을 받는다고 믿고 있으나 사람은 살아서 구원을 받지 못하는 자는 죽어서도 구원을 못 받아 죽고 마는 것이라. 다시 말하면 참 영혼이 없어 죽고 마는 것이라.

구원이란, 허이고 가짜이고 미완성인 사람이, 참이고 진짜이고 완성이 되는 것이 구원이라. 구원이란 살아 있는 진리이고 본래이고 본바닥인 창조주의 나라에 그 영과 혼이 다시 나는 것이 구원이라. 구원이란 세상과 사람이 한얼님 하나님 본존불이신 본바닥의 나라에 본래의 정과 신인 성령 성부 보신 법신으로 다시 나 그 나라에 들어 사는 것이 구원이라.

인간의 마음은 이 세상의 모든 것을 복사하여 자기도 이 복사한 세상 속 있기에 가짜의 세계에 살고 있다. 그래서 이것이 하나님 한얼님 부처님이신 세상을 등지고 자기의 마음의 허상인 세상에 살고 있기에 인간은 죽어 있는 것이라. 그래서 인간은 허상이고 미완성이라. 완성이 되지 않는 자는 허이고 가짜인 이 세상에 살고 있기에 없는 세상 사는 자는 없기에 죽고 마는 것이라. 이것이 지옥이라.

지옥은 자기가 만든 세상의 것을 사진 찍어 가진 것이 지옥이라. 지옥이란 사진이고 복사의 세계라 없는 것이고 죽은 것이라. 이 세상에 사는 사람은 하나도 의인이 없고 세상에 나 있지 않기에 인간은 죽어 있는 것이라.

하나님이 창조한 이 세상보다 더 아름다운 곳도 없고 이 땅 이곳이 천국이고 또 극락이나 이 천국과 극락이 사람의 마음 세상과 겹쳐져 있어 사람은 이 천극락에 살지를 않고 자기의 마음속에 살고 있어 죽은 것이라.

사람은 이유 뜻도 모르고 자기가 살아서 바르고 완전한 세상에 나지 못해 사람은 죽으면 죽는 것이라.

그러나 사람이 사는 것은 자기의 세계를 부인하고 자기도 부인하고 무시하여 하나님 한얼님 부처님의 나라인 세상에 귀의하여 세상의 주인에 의하여 거듭나고 다시 나고 부활하여 진리인 세상에 나 사는 것이 구원이라.

기적

인간은 흔히들 기적을 바라고 산다. 자기의 열등의식에서 사람은 자기가 잘나 보이려 기적을 찾아다니는 이도 없지가 않다. 기적이란 없는 것을 있게 하는 것이고 불가능을 가능케 하는 것이고 죽은 것을 살리는 것이라. 이 세상에는 우리가 흔히 마술을 통해 기적 같은 사실을 보기도 하나 그것은 사람 눈을 속이는 하나의 속임수인 것이다.

이 세상에는 수많은 기적이 있었던 것 같으나 기적이란 없었다. 다시 말하면 참 기적은 허를 참으로 만들고 죽어 있는 사람을 진짜가 되게 하여 나게 하고 살리는 것만이 기적인 것이라. 아픈 자가 나아지는 것도 그 마음에 가짜가 쫓겨 가고 진짜의 마음이 찰 때라.

자기를 무시하고 진짜인 존재를 믿는 마음에 병이 나을 수도 있으나 결국은 가짜인 자기를 버리고 진짜의 마음만 남으면 그 병도 사라질 것이다. 나는 마음수련을 통하여 많은 이들의 병이 나아졌다는 이야기를 수없이 들었으나 나는 그 병을 고치기 위해 마음수련회를 하는 자가 아니다. 허인 자가 인간 본성을 되찾아 순리의 삶 살고 영원히 죽지 않는 세상에 가게 하여 죽음이 없고 영과 혼을 다시 나게 하는 것이 나의 목적이라. 병이 나아졌다는 그런 소리는 내 귀에 들리지가 않는다.

사람은 볼 수가 있는 것이 그 모양만을 보고 있기에, 또 참이 없어 생명인 참을 보지 못하기에 자기의 마음에서 있다 없다, 죽었다 살았다 하고 있으나 그것은 사람의 마음이라. 진짜로 살아 있는 것은 참이고 허는 죽은 것이라.

우주에서 물체 일체를 다 빼면 빈 하늘인 본바닥만 남을 것이라. 이 존재가 바로 진리이고 세상의 주인이라. 이 존재인 사람만이 사람을 이 존재의 몸 마음으로 다시 나게 하실 수가 있는 것이라. 인간이 말하는 기적은 인간사의 기적이나, 세상의 진짜 기적이란 세상에다 사람을 다 살리고 세상에다 세상을 본바닥의 몸 마음으로 다시 나게 하는 것이 기적 중의 기적이라. 이것만이 참 기적인 것이라. 인간사의 기적은 허상의 기적이라. 그것은 뜻과 의미가 없는 것이고 이루어도 이루지 않아도 되는 것이다.

오직 참세상에 나게 하고 영원히 살게 하는 것만이 인간사의 기적 아닌 세상의 기적이라. 인간은 무엇을 찾아 도도하고 인간은 무엇을 구하기 위해 이것저것을 하지만 가짜인 자기 마음속에 더 가질 수밖에 없기에 자기의 짐만 더할 뿐이고 이루어지지가 않는다. 인간세상에서 잘사는 것과 또 이루려는 자기의 소원 일체는 어디에서 구해지지 않는 것이고 자기의 마음에서 빼기만 하면 기적이 되어 다 이루어지는 법이라. 세상 마음인 신의 마음은 다 이루어지는 것이라. 자기가 못 이룬 것이 또 원한이 허이고 부질없음 알고 일체의 것으로부터 벗어나면 이것이 해결이 된다.

사람이 잘못 알고 있는 것들

사람들은 자기의 마음의 세계에 살고 있기 때문에 어릴 때부터 자기 마음속에 눈, 귀, 코, 입, 몸에 의하여 입력이 된 것은 당연시하나 자기에게 입력이 되지 않은 것은 배타시하거나 부정하는 경우가 많다.

우리나라에서도 예로부터 우리나라의 종교가 있었다. 그때에 불교가 들어와 새로운 소리를 하니 그것이 받아들여지지가 않았다. 그래서 이차돈은 죽게 되었고 삼국시대는 불교가 종교였고 그 후 조선시대에는 유교가 우리의 종교가 되었고 근세에 와서는 기독교가 우리나라에 들어와 박해를 당했다.

자기들이 가진 것과 다른 소리를 하는 것을 자기의 사고에 젖어 있는 이들은 받아들이지 않을 것이다. 지금도 사람들은 각인마다 종교가 다르다. 그래서 그 사람들은 모두 다가 자기가 믿는 것이 맞는다고 하고 좀처럼 남의 것이 수용되지가 않는 것이다. 이것이 사람의 마음인 것이다.

사람은 자기 속에 있는 것 이외에는 수용하기가 참 힘이 든다. 이스라엘도 유대교를 믿는 자들은 예수님을 믿지 않는다. 그리고 각 종교가 각 나라에 들어갈 때마다 박해를 당해왔고 종교로 인하여 세계의 나라마다 수많은 전쟁이 있었고 많은 이들이 숨졌다. 유대교에서는 메시아가 세상에 온다고 믿고 있고 기독교에서는 재림 예수님이신 전지전능하신 하나님이 세상에 온다고 믿고 있다. 그들은 하느님이 하늘에서 구름을 타고 천사들과 함께 나팔을 불고 온다고 믿고 있다. 기독교인들은 이 말씀의 참뜻을 모르고 이 말을 액면 그대로 받아들여 이렇게 오시는 하나님을 기다리고 있다. 사람은 참이시고 진리인 하나님의 존재에 관하여 아는 자가 없기에 해석이 난무한 것이다.

하나님은 이 세상의 물질 일체를 빼면 빈 하늘 자체가 진리이고 하나님의 본래의 모습이다. 이 존재가 사람으로 오면 마음에 하늘을 가진 자가 오니 하늘에서 온 것이고 성령으로 난 자가 오니 하나님이 사람으로 오시면 하나님이 사람일 것이다. 그런데 사람은 사람과 다른 존재가 온다고 믿고 있다. 형상은 사람이나 그 마음에 진리인 하나님의 나라를 가졌고 그 나라에 그 자체의 영혼을 가졌으니 진리인 본하늘에서 난 자가 세상에 사람과 함께 살아도 아는 자는 아무도 없는 것이다. 사람 눈에는 그냥 사람일 것이다.

전지전능이라는 말의 전지는 세상의 이치를 아는 것이다.

사람은 자기가 배우고 익히고 읽은 것만 알지만 하나님이신 대우주가 되어보면 세상의 이치를 다 알 것이 아닌가. 인간의 근본인 인간은 어디서 와서 왜 살고 어디로 가는가도 이 우주는 알지만 사람은 알 수가 없는 것이다.

전능이란 이 세상에 난 것은 하나님이신 우주의 본래인 본바닥서 나서 본바닥이신 하나님이 창조하신 것이다. 이 세상에 있는 일체는 하나님이 다 창조하신 것이다. 그러니 하나님은 수만 가지인 전부를 창조하니 전능하신 것이다.

그러나 하나님이 진리인 성령으로 사람과 세상의 일체를 나게 하시는 것은 그의 말씀으로 나게 하실 것이다. 그러니 전능하신 것이다. 사람들은 인간이 바라는 기적 같은 것이 전능인 줄 아나 미완성이고 죽어 있는 가짜인 인간이 참이 되게 하여 살리는 것은 전능자만 할 수가 있을 것이고, 세상을 진리나라에 거듭나게 하고 살게 하는 것도 전능자만이 할 수가 있을 것이다. 의식이 죽은 자를 살리는 것은 전능자만 할 수가 있어 전능한 것이다. 전지전능한 하나님은 세상을 하나님의 나라인 하늘나라에 나게 하시니 이것이 전능인 것이다. 전능은 전체를 나게 하여 살게 하는 것이 전능인 것이다.

하나님의 물질 창조는 이것지것이 어우러신 조건에서 창조가 되었고, 이 있는 물질을 영원히 살리는 것은 정신 창조로 진리이신 하나님의 뜻인 말씀으로 하실 것이다. 그것이 참 능력이고 이것은 하나님만이 하실 수가 있다.

 사람의 관념으로 구세주 미륵 정도령 하나님을 기다리지 말고 인간 완성을 이루어주는 곳이 있으면 바로 이 존재가 왔을지도 모른다. 형상을 기다리지 말고 진리가 되게 이루는 곳이 있으면 바로 완성인 참이 이루어지는 시대다. 자기 관념에서의 형상의 구원자는 영원히 기다려도 오지 않을 것이다. 유태인들이 메시아를 기다리는 것같이 자기도 그렇게 기다릴 것이다.

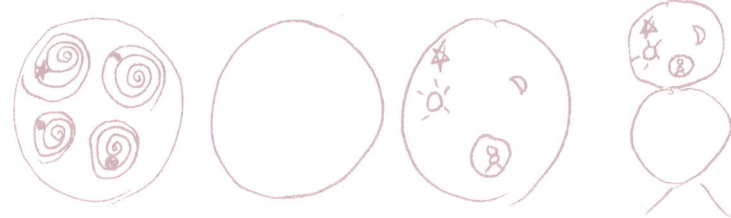

천지개벽은 정신개벽이다

우주의 본질

 이 우주는 무한대이고 이 우주는 시작도 끝도 없다. 이 우주는 원래부터 있었고 그 본래가 허공인 하늘 이전의 하늘이 근원이고 이 자체가 나타난 것이 삼라만상이다.
 이 자체는 물질이 아니고 아무것도 없으나 이 존재는 살아 있는 신과 영이라 신령스러운 존재이고 전지전능한 진리 자체의 모습이다. 이 자체가 나타난 것이 이 세상에 있는 일체라. 전능한 존재이고 또 이 자체의 의식이 되면 세상의 이치를 다 아니 전지한 존재다. 우리가 흔히 말하는 본능이란 바로 이 존재가 있기에 본래의 능력이 있는 것이다.
 이 존재는 비물질적인 실체이고 이 존재는 살아 있어 천지와 세상이 있는 것이다. 인간이 이 세상에 온 이유와 까닭은 진리인 이 존재의 나라에 완성이 되어 나기 위함이다.
 삼라만상의 일체는 이 존재에서 와서 이 존재로 가는 것이 세상의 이치이다. 다시 말하면 본래에서 와서 본래가 되는 것이 세상의 이치이나 이 존재의 나라에 다시 나 사는 것이 영생이고 천국인 것이다. 모든 종교의 궁극적인 것은 여기에 나 사는 것을 이야기한 것이다.

  이 우주는 살아 있어 이 존재의 주인이 사람으로 왔을 때만 이 구원이 있고 부활이 있고 영생이 있는 것이다.

미륵이 도리천서 오고
하늘서 구세주가 온다는 뜻은

불교 서적 대반열반경은 미래의 미륵부처님이 와야 상락아정을 다 깨친다는 말씀이 있고 또 미륵부처님은 삼십삼천 도리천에서 온다고 말씀하셨다. 이 도리천은 바로 진리인 본래의 자리에서 그 존재가 사람으로 왔을 때 그 존재가 미륵인 존재라는 뜻이다. 기독교에서도 하나님은 하늘에서 오신다고 했다. 이 말씀도 하늘 중에 하늘인 본래인 본하늘인 진리의 하늘을 말한 것이다. 여기의 존재가 인간으로 옴을 이야기한 것이다.

두 존재는 서로 말은 다르나 같은 존재를 말한 것이다. 이 존재만이 구원을 할 수가 있기에 미륵부처님이 와야 구원을 받을 수가 있다고 불교에서는 믿고 있고 기독교에서는 하늘에서 하나님이 오셔야 인간이 구원이 된다고 믿고 있다.

구원이란 사바세계 중생세계인, 또 기독교에서는 죄의 세상이라 하는 이 세상을 다 없애면 바로 도리천 하늘나라에 날 수가 있을 것이다. 그러나 인간은 이 존재가 세상에 와도 그 형체만 보기에 이 존재를 알 자가 아무도 없다. 진리인 이 존재를 알려면 자기 마음에 도리천과 하늘이 있어야 알 수가 있을 것이다.

인간의 마음은 업과 죄의 마음이라 진리인 본마음인 이 존재가 없기에, 그 업과 죄를 사한 자만 미륵과 하나님이 오신 것을 알 수도 있고 또 구원을 받을 수가 있을 것이다. 우리가 기다리는 환상적인 그런 존재의 구세주는 오지 않을 것이다.

단지 자기의 죄업을 사하여 자기 마음속에 진리이신 부처님 하나님 한얼님이 있는 자만이 알 것이고, 그 존재가 사람으로 오시면 대반열반 무여열반인, 업을 닦아 상락아정을 깨쳐 다시 말하면 본래 자리와 자기를 깨쳐 극락에 사는 것을 가르칠 것이고 가게 할 것이다.

하나님이 오시면 죄의 세상에 사는 인간을 죄의 세상과 죄인을 없애어 깨끗하게 하여 진리나라인 천상에 나게 하실 것이다. 죄인이 죽고 새 진리의 나라에 나니 이것이 거듭나고 다시 나고 부활인 것이다.

진리의 나라는 자기의 마음이 진리 존재와 하나가 되었을 때 자기의 마음 안에 부처님 하나님 한얼님이신 진리의 나라가 있는 것이다. 이 나라만이 영원히 살 수가 있는 나라이고 여기에 날 수가 있는 것은 이 나라 주인이신 구세주만이 할 수가 있을 것이다.

생명이란

생명이란 살아 있는 것이고 생명이란 세상의 근원인 영과 혼이 살아 있는 진리의 존재다. 생명은 살아 있는 존재이나 인간은 이 생명에 관하여 한 번도 배운 적도 없고 또 자기의 마음에 생명이 없기에 생명을 아는 이가 없다.

　인간의 마음은 세상을 닮은 마음이라. 세상은 생명 자체이지만 닮은 마음은 생명이 없는 것이다. 다시 말하면 세상의 모든 것을 자기 마음속에 사진을 찍어 그 세상을 복사한 마음속에 인간이 살기에 생명의 근원을 모르는 것이다. 이 생명만이 영원불변하게 사는 존재이고 이 세상에 나 있는 모든 물질은 이 생명의 표현인 것이다. 이 생명인 근원이 살아 있어 이 세상에 모든 것이 살아 있고 근원인 이 생명에서 왔다가 생명으로 가는 것이 자연의 이치이고 진리인 것이다.

　흔히들 인간의 관념에서 물질이 살아 있다 죽어 있다는 인간마음에서 하는 말이고 진정한 죽음은 인간이 죽어 있는 것이다. 인간이 살아 있지 못하는 것은 생명의 자리를 이탈한 허상이고 없는 자기의 마음의 세계에 살고 있기에 이것은 없는 세상인 것이다. 사진기는 세상의 것을 사진 찍으면 세상과 같은 사진이 나오나 그것이 실이 아닌 것은 인간은 비디오테이프와 같이 움직이고 말하고 숨 쉬고 음식도 먹으나 그것이 실이 아니듯, 자기의 마음의 세계 속서 자기의 이야기를 하고 그 프로그램에 의하여 일생의 운명이 주어져 있기에 자기의 비디오테이프의 각본에 사는 것이다. 비디오테이프가 이 세상에 없는 다른 세계이듯 인간도 이와 똑같은 현상이다.

비디오테이프가 제작된 일체의 것이 세상에 있어야 생명이 있듯이 인간도 세상에 있어야 생명이 있는 것이다. 생명의 근원은 대우주의 근원인 창조주인 만상이 나기 이전의 자리인 물질이 없는 빈 하늘인 대우주인 것이다. 이 자체가 생명의 근원이기에 인간도 이 근원으로 되돌아가서 인간마음을 근원인 세상의 마음으로 바꾸어 그 세상에 다시 나는 것이 참생명인 것이다. 근원을 닮은 마음을 버리고 근원이 되는 것이 생명이 있는 것이다. 비디오테이프 속에서는 허상이지만 그 비디오테이프를 버리면 실체의 세상이 있고 살고 있는 나는 실이 되듯 똑같은 이치다. 마음수련회는 이 비디오테이프를 없애고 참세상에 나 살게 하는 방법을 가지고 있는 것이다.

하나님 부처님의 존재

예수님께서도 하나님은 너의 마음 안에 있다고 하셨고 불교에서도 부처가 너의 마음속에 있다고 했고 또 네가 부처다라고 한다. 이 말들은 공히 이 세상의 근본이고 본질인 또 본래인 근원을 이야기한 것이고 세상의 주인을 이야기한 것이다. 이 존재는 삼라만상을 주관하시고 세상을 주관하시는 창조주의 모습이나 사람이 알지를 못하는 것은 사람의 마음속에 진리인 이 존재가 없기에 영원한 수수께끼로 자기의 관념의 생각 속서 맴돌 뿐이다.

　인간의 마음은 세상의 것을 사진 찍어 만든 하나의 허상인 사진이라. 이 자체를 가지고 있기에 참마음이 없어 참인 이 존재를 볼 수도 알 수도 없다. 가령 나무토막은 그 마음이 없기에 허공 중에 있어도 없어도 그 허공은 변함이 없다. 나무토막이 있어도 허공은 있고, 나무토막이 없어도 허공은 있지 않은가. 그렇듯이 인간의 마음을 다 비우면 우주 본질의 마음과 하나가 될 때 인간은 부처님 하나님을 알 수가 있을 것이다.

사람의 마음은 자기중심적인 마음이라. 세상을 본떠서 자기 세상을 만들어 허상이 만든 그 세상에서 생각하고 보기에 사람은 세상 사는 줄 착각하고 사나 세상과 겹쳐진 자기의 마음 속에 살아 세상을 알지도 못하고 세상을 보지도 듣지도 못하는 것이라.

부처님 하나님은 이 세상 이전의 세상이라. 인간은 자기 속에 있는 것만큼 알기에 자기의 몸과 마음의 세상을 다 벗어 참세상을 가진 자만이 부처님 하나님이신 세상의 이치를 알 수가 있을 것이다. 쉽게 이야기하면 인간은 세상을 모르지만 거대한 우주는 세상을 다 알 것이 아닌가. 인간의 마음이 자기 마음이 아닌 세상의 마음으로 되돌아가면 세상을 다 알 것이고 인간이 어디서 와서 왜 살고 어디로 가는지의 이치를 알 것이다. 천극락도 알 것이고 인간이 의인이 아님도 또 허상이고 부질없는 존재임도 알 것이고 죽어 있는 사실도 알 것이다.

사람은 자기가 가진 관념 관습에 맞으면 맞고 안 맞으면 안 맞다고 하나 자기가 가진 관념 관습은 하나의 허인 사진이라 그것은 맞는 것이 하나도 없다. 인간의 마음 자체가 거짓이라 그러한 것이다. 그래서 예수님은 세상에는 의인이 아무도 없다고 했고 불교에서는 인간의 마음이 허라고 했다. 인간의 삶이 부질없는 것이고 인간 삶이 없고 또 없는 것이라고 했다. 인간은 근원에서 와서 근원으로 되돌아가는 것이 세상의 이치이다.

　인간은 자기의 마음의 세상에 맴돌기에 그것이 없는 허상세계요 지옥인 것이다. 인간이 살아가는 것은 또 사는 이유와 목적이 살아서 천극락 가는 것인데 인간은 이것을 하지 않고 하나의 허상세계에서 허상인 자기를 위하여 충성하나 이룬 것도 한 것도 없이 허무만 남고 고통 짐만 가지고 영원히 죽고 말 것인데, 인간의 한세상에 살다가 가는 수많은 이는 죽느냐 사느냐가 문제인 것이다. 지금 자기가 살아가고 있으니 살아 있는 줄 알고 착각을 하고 사나 그 존재는 없는 존재라 자기만 살았다고 생각하고 살아가고 있는 것이라.

　현자는 영원히 살고 세상의 이치를 알려고 할 것이고 어리석은 자는 영원히 죽고 말 것이다. 내 마음이 영원한 진리인 우주의 근원이고 본질인 창조주와 하나가 되지 않고서는 죽고 말 것이다. 원래의 원시로 되돌아가지 않고는 진리는 이것밖에 없기에 죽고 말 것이다.

　원시로 되돌아가는 것이 원시반본인 것이다. 원시인 이 존재가 창조주의 존재다. 진리이고 영원불사 신령이시라, 우주의 본래인 영혼 그 자체라. 이 존재가 만고의 진리인 하나님 부처님 한얼님 알라이시라.

마음이란

인간은 원래가 세상 나면서부터 미완성인 인간의 자식으로 나서 인간의 마음이 있다. 이것을 기독교에서는 원죄가 있다고 한다. 자범죄란 자기가 세상 살면서 인간의 마음에 세상의 것들을 사진 찍어 만든 세계와 그곳의 감정인 관념 관습이 있어 자기의 마음이 된 것이다.

　사람은 자기 마음속에 가진 그 마음에 자기 것만 맞다고 생각하고 산다. 그러나 이것은 실이 아닌 사진이라 다 가짜인 것이다. 이 세상에 사는 사람들은 모두가 이 사진의 세상에 살아서 가짜의 세상 살아도 사는 줄 모르고, 살아 있다고 생각하고 산다. 그러나 참세상에 난 자만 인간세상에 사는 자들이 허임을 알 것이다. 인간은 자기의 마음세상과 세상이 겹쳐져 있어 세상 사는 줄 아나 자기의 마음속 살아 인간이 죽어 있는 것이다.

　참이고 진리인 참세상은 자기와 자기의 마음의 세상을 다 없애고 넘어간 세상이다. 이 세상은 영원히 살아 있는 세상이고 죽음이 없는 세상이라. 진리의 근원은 이 세상에 있는 일체를 다 없애면 진리인 본래가 있는 것이다. 다시 말하면 이 우주에 있는 형상을 다 없애고 나가 죽고 없는 자리가 본정신인 창조주의 자리다. 이 존재는 물질이 아니라서 인간들은 없다고들 하나 이 존재는 분명히 존재하고 없어지지 않는 살아 있는 존재다. 이 존재만이 진리인 것이다. 이 존재로 사람이 다시 나지 않고는 영원이란 단어가 붙을 수도 없고 영원히 살 수도 없는 것이다.

이 세상에 있는 수많은 것은 다 이 존재의 표상인 것이다. 삼라만상의 일체는 진리인 이 존재에서 와서 이 존재로 다시 되돌아가는 것이 세상의 이치다. 이 세상과 인간이 구원이 되는 것은 이 나라에 다시 나지 않고는 영원히 사는 방법이 없을 것이다. 진리는 이것밖에 없으니 그러한 것이다.

인간이 자기의 마음속에 살면 이것이 가짜세계인 지옥이고, 신의 세상이고 진리의 세상인 참세상에 다시 나서 살면 이것이 부활이고 영생이고 천극락인 것이다. 사람이 살아서 죽음이 없이 이 나라 나서 사는 자는 살아 부활이 되어 천극락에 난 자이다. 살아서 천극락에 간 자라야 천극락에 살 것이다.

천극락은 여기 있다 저기 있다가 아닌 자기 마음이 진리가 된 자가 진리의 재질로 다시 난 자가 사는 나라는 자기의 마음속에 있는 것이다. 자기 속에 부활된 자, 신인 진리의 뜻에 사는 자는 부활된 자기가 살 것이고, 인간 자기의 뜻에 사는 자는 신이 죽고 허상인 자기가 살 것이다. 모든 영광도 진리에 돌리면 진리 된 자기가 살 것이고 자기가 했다고 하면 허상인 귀신인 자기가 살 것이다.

마음수련이 위대한 것은 자기의 가짜인 마음을 다 버리는 방법이 있어서이고 참마음이 되어 참의 재질로 다시 나 영원히 살 수가 있어서이다. 미완성 시대에는 진리도 말로만 했지 진리가 되지 못했다. 진짜가 안 되면 아무리 좋은 진리도 말로 해서는 자기가 완성인 진리가 되지 않기에 아무런 소용이 없을 것이다. 그러나 각 종교에서 마음을 비우라고도 하고 '마음이 가난한 자는 복이 있나니 천국이 저희 것이다'라고도 했다. 이것을 할 수가 있는 곳이 마음수련이다.

이제는 미완성의 시대가 아닌 완성이 되는 완성의 시대다. 그러나 자기가 완성이 되는 방법이 있고 또 천국 가는 방법이 있어도 자기가 그 방법을 안 따르고 잘못된 자기의 상식으로 진리를 외면하면 영원히 죽고 말 것이다. 진리가 되어 진리 안에서 사는 것만이 자유고 해탈이고 말만 듣던 성인이 될 것이다.

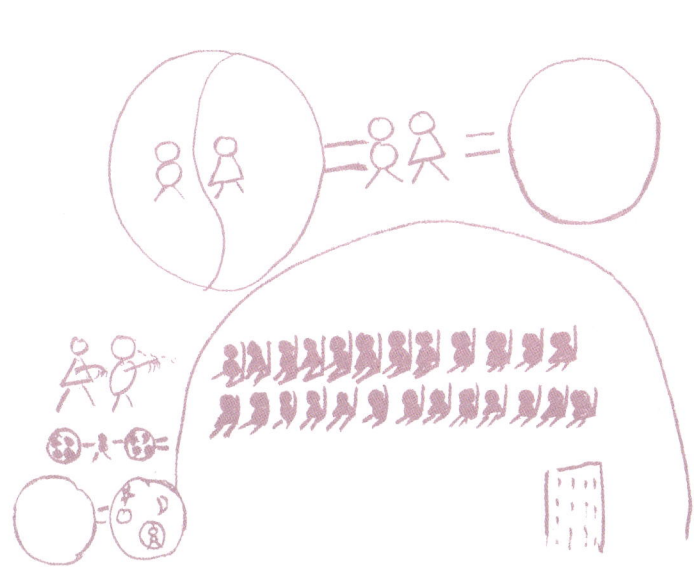

세 번째 이야기

인간세상 너머의 신의 세상

인간의 죄업을 다 사한 자는 자기의 마음에 남음이 없고 죄인인 자기마저 죽어 없어지면 신의 나라가 자기의 마음이라. 이 나라에 참 영과 혼으로 다시 난 세상과 나는 영원히 죽지 않을 것이다. 우리의 죄업을 다 사하여 나와 나의 마음의 세계가 없으면 본래인 창조주의 나라인 신의 나라에 갈 수가 있다. 가짜인 나가 죽고 넘어간 나라가 신의 나라다. 인간은 수만 가지의 번뇌망상과 또 수만 가지의 고통 짐의 세상 사나 신의 세상은 자유이고 해탈이 되어 생로병사가 없는, 일체의 것으로부터 벗어난 세상이라. 이 나라가 진리인 완전한 세상이라. 본문 중에서

말로만 진리를 하던 시대에서 이제는 되는 시대다

이때까지 성경 불경 그리고 수많은 경이 있었다. 이 경들은 말은 다르지만 모두가 같은 말이다. 이 자체의 경들은 인간의 마음세계가 아닌 모두가 진리의 자리이고 근원인 본래에서 이야기하여 사람들은 자기 마음세계에 살고 있기에, 살아 있는 근원인 세상의 이야기를 마음세계의 사람들은 알 리가 없다.

자기 마음에서 그 말을 들으니 자기의 생각대로 해석하여 각 종교에서도 종파가 수만 가지가 나오는 것이다. 이렇게 하다가 보면 근원이 없어지고 인간 관념에 맞추어 해석하고 또 그 관념을 현실 삶에 맞추는 그런 종파도 많다. 결국은 진리를 인간에게 맞추는 시대가 온 것이다.

이 세상의 참을 우리가 듣기만 하던 시대는 미완성의 시대다. 아무리 성인군자의 이야기를 듣는다고 해도 인간은 자기가 완성인 참이 되지를 못하지 않는가. 그러나 인간은 자기의 업을 사하고 죄를 사하여 완성이 되어 다시 나는 길만이 살길이다. 인간이 미완성인 것은 주인의 나라에 살지 않고 자기가 주인의 것을 본떠 자기의 세계를 만들어 사는 배신의 죄를 지었기 때문이다. 그것이 또 허상세계인 것이다. 지금은 죄를 회개하여 누구나가 진짜가 되는 시대다. 죄사함만이 구원이고 진리나라에 가서 진리로 나는 시대다.

내 안에서 진리의 원래와 천국 찾자

성경에 보면 인간을 하나님을 닮게 만들었다고 되어 있다. 닮게 만든 것은 그 자체가 아닌 닮았다는 뜻일 것이다. 사람은 참세상인 하나님의 형상을 사진 찍어 자기의 마음속에 가지니, 사진기로 세상을 사진 찍으면 세상은 있고 닮았으나 그것이 실이 아니듯, 하나님의 나라인 세상을 사진 찍어 만든 자기 마음이 사람은 허라, 닮았지만 가짜인 것이다. 그러기에 내 안에 있는 인간의 마음은 가짜이기에 이 가짜를 버리고 원래 존재하는 진짜가 인간마음이 될 때 참인 이 세상이 인간의 마음에 있는 것이라. 이곳이 천국이고 진리이신 하나님 부처님이 내 안에 있는 것이라.

다시 말하면 내 안에 진리가 있는 자가 진리를 알고 또 천국도 알 수가 있는 것이다. 인간이 회개 참회 하여 가짜인 자기 마음을 버리고 진짜인 자기 마음이 될 때 인간은 참세상이 되고 살아서 천국에 나 살 수가 있다.

구원이란 자기가 사는 것이 아니다

인간이 왜 구원이 필요하고 또 구원의 정체란 무엇인가. 이 세상의 이치는 일체의 천지만물은 본바닥에서 와서 본바닥으로 되돌아가는 것이 자연의 이치다. 그러나 인간은 허상인 가짜이기에 이 가짜를 없애고 세상으로 되돌아가게 하여 진짜인 사람으로 다시 날 때 인간이 구원이 되고 또 세상에 다시 날 때만이 구원이 될 수가 있다. 가짜인 자기가 다 없어져야만 이 진짜가 될 수가 있다.

인간이 완성이 되고 인간이 영생천극락 산다는 아련한 이야기가 있다. 사람의 마음이 가짜에서 진짜인 본래의 마음이 되고 본래에서 다시 날 때 내 마음 안에 하나님 부처님 천극락이 있다. 이때까지의 미완성 시대는 각 종교의 경을 보고 진리를 말로만 하던 시대에서 사람마다 자기가 진리가 되어 누구나가 성인인 인간 완성이 되어 영생불사신이 되는 시대가 되었다. 인간마음에 더하기만 하던 시대에서 빼기를 하면 이루어지니 자기의 거짓된 허상을 버리고 참으로 다시 나 참사람이 되는 방법이 바로 이 공부 방법이다.

부활이란 또 거듭나고 다시 남이란

우리는 부활이라고 하면 죽은 자가 다시 살아나는 것인 줄 아나 부활이란 허인 나가 죽으면 참인 나가 다시 나는 것이 부활인 것이다. 사람은 자기의 허상인 마음속에 살아가고 있기에 사람은 가짜인 허라. 세상에는 한 사람도 진짜인 사람이 없는 것은 인간이 세상에 살지 못하고 자기의 마음속에 살아서 의인이 한 사람도 없는 것이라. 사람의 마음의 세계가 없고 사람과 세상 일체의 물체가 없을 때 참의 근원이고 본래인 본바닥이라. 진리인 이 본바닥의 마음이 된 자가 이 본바닥에서 다시 나면 이것이 참 부활이라.

   성경에는 하나님의 말씀으로 거듭나지 않고는 살 자가 없다고 했고 불경에는 미륵부처님이 구원해준다고 했다. 이 말씀은 진리의 존재가 이 나라에 그 영혼을 다시 나게 하여 부활이 될 것이라는 말씀이다. 부활이란 진리인 본바닥의 자기 마음 안에 참 자기가 거듭나 있는 것이다. 가짜인 인간이 죽고 진짜인 참인 인간이 다시 나는 것이 부활인 것이다. 부활이다, 구원이다, 거듭난다, 다시 난다는 모두가 가짜인 자기가 죽고 자기 안에서 진리인 자기가 부활이 되고 거듭나고 다시 나는 것이다.

  가짜인 자기를 다 없애보면, 다 죽여보면 진짜만 남을 것이고 진짜인 진리나라에서 진짜의 몸과 마음으로 다시 나는 것이 부활이다. 이것은 진리의 말씀으로 거듭나지 않고는 부활이 되지 않는다. 거듭난다, 다시 난다, 부활한다는 자기가 다 죽어야 거듭 다시 부활이 되는 것이다.

해인과 인친자가 산다는 뜻

경남 합천에 가면 해인사가 있다. 또 해인삼매라는 말이 있다. 해인이라고 하면 진리의 나라를 이야기한 것이다. 정감록에는 해인 가진 이를 찾으라 또 해인봉을 찾으라는 말이 있다. 이 말들은 공히 이 도장이 없는 자는 모두가 헛것이라는 말이나 또 이 도장의 참뜻을 아는 이가 없다. 성경에는 하나님이 인친 자만 산다고 되어 있다. 이 말들은 공히 허인 이 세상과 자기를 참 나라에 나게 하는 것이 도장을 찍는 것이라는 말이다.

  도장을 찍으려면 자기가 먼저 회개 참회 하여 진리의 마음이 되어 그 진리의 마음 안에 세상과 자기가 거듭 다시 나야 한다는 뜻이다. 이것은 진리의 주인만이 할 수 있고, 주인만이 그 나라에 나게 하는 도장을 가진 것이다. 허세상인 인간세상을 그대로 참세상에 있게 하는 것이 도장을 찍는다는 말이다.

  이것은 허세상을 없애고 참세상에 참의 재질로 거듭 다시 나게 하여 그 정과 신이 또 영과 혼인 자기와 같기에 영원히 살게 하는 것이다. 물질의 몸 마음은 죽고 마나 본래인 본바닥에서 다시 나면 진리라 죽음이 없다. 이것이 해인 가진 자를 찾아야 하고 또 인 쳐줄 자를 찾아야 하는 이유이다.

이것은 본바닥의 주인이시고 창조주이신 이가 사람으로 세상 왔을 때만이 가능하고 하실 수가 있다. 사람은 아무리 인을 쳐주는 자가 있어도 사람의 상식으로는 봤던 경전을 자기의 마음에서 생각할 뿐 그 진정한 의미도 해인 가진 자도 인 쳐줄 자도 알 수가 없다. 자기 마음이 깨끗해야만 알 수가 있다.

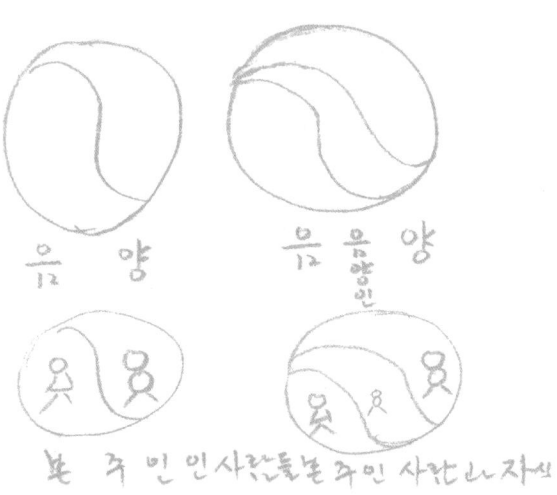

믿음이란

기독교에서는 예수를 믿는 자는 천국을 간다고 하였다. 이 말씀은 당연한 말씀이고 맞는 말이나 사람들이 해석을 잘못하는 것 같다. 예수님이란 형상의 예수님이 아니다. 예수님은 참이시다. 참은 우주의 근원이고 창조주 하나님이신 우주의 대영혼이다. 예수님은 이 마음을 가지신 분이기에 예수님을 믿는다는 것은 예수님의 마음과 하나가 되고 연합이 되어야 한다. 참의 말씀을 믿고 따르고 또 회개를 하지 않고는 예수님의 마음과는 하나가 될 수가 없다.

이 진리인 창조주 하나님의 마음이 되는 것은 자기의 가짜 마음을 버리고 이 존재를 마음속에 모시는 것이 예수님을 믿는 것이다. 인간의 마음이 죄의 마음인 것은 자기의 세계를 가지고 있어 예수님이신 하나님과 하나가 되지 못하기에 그런 것이다. 이것을 버리고 죄사함하여 예수님과 하나가 되는 것이 예수님을 믿는 것이다.

신의 세상의 마음과 하나가 되어 신의 자식으로 나지 않고는 살 자가 없다. 이것은 참만이 할 것이다.

　믿음이란 자기의 가진 마음과 자기를 부인하여 버리고 참을 구해야 진정한 믿음이다. 예수님은 자기가 돌아가심으로 인하여 진리이신 하나님의 마음과 하나가 되셨고 죽음으로써 신과 인간과의 다리 역할을 하셨다.

　우리도 예수님을 따라 의를 위해서 자기를 버리는 것이 당연하고 예수님인 창조주의 마음이 자기의 마음이 될 때 예수를 믿는 것이다. 자기의 몸 마음을 다 버리면 예수님의 마음이 되어 믿게 된다. 이것이 예수님을 믿는 것이다.

원수가 사랑이 되는 경지

사람은 완전한 신의 나라에 나 있지 않고는 원수가 사랑이 되지 않는다.

　마음수련을 하다 보면 자기의 가짜의 마음을 버린 만큼 참이 들어오니 참이 된 만큼 알아지는 것이 깨침이다. 자기의 죄를 씻어 진리가 된 만큼 참으로 다가가게 되는 것이다. 자기의 관념 관습의 일체가 남음이 없고 자기라는 존재가 하나도 없이 다 죽어야 자기의 의식이 완성이 된 경지에 이른다. 이 완성이 된 경지란 자기의 의식이 진리인 본래의 의식 자체가 되어 그 나라에 난 자가 진리이고 죽지 않는 완성자인 것이다.

　원수를 사랑하라고 말한다고 해서 원수를 사랑할 수 있는 것이 아니고 사람의 의식이 신의 나라가 되고 그 나라 나 있어야 원수가 자기의 마음에서 없어져 원수를 사랑하게 되는 것이다. 사람의 마음의 세계에서는 원수가 있는 것이다. 살아서 진리나라인 천극락에 난 자만이 원수를 사랑할 수가 있다.

자기의 뜻에 살면 자기는 죽고
진리의 뜻에 살면 참 자기가 산다

성경에 보면 '나를 위하여 죽는 자는 죽어도 죽지 않는다'는 말이 있다. 이 말씀은 자기를, 진리를 위하여 허인 자기를 버리면 진리가 되어 산다는 뜻이다. 허인 자기의 뜻은 허이고 또 허라 죽어버리지만, 허인 자기를 버리고 참인 진리의 뜻에 살면 신 된 자기는 살 수가 있을 것이다. 살아서 신이 되어 신의 나라를 위하여, 자기의 뜻과 재미있고 하고 싶은 것을 안 하고 오직 신을 위하여 사는 자는 신인 진리가 살 것이나, 자기가 하고 싶은 것을 하고 자기 뜻에 사는 자는 허인 귀신이 살 것이니 신은 죽을 것이다.

신을 위하여 자기를 버리고 자기를 희생하고 신의 나라에 재물을 쌓는 자는 영원한 재물이 신의 나라에 있어 자기 것이 될 것이다. 성경에 '어리석은 자는 땅에다가 재물을 쌓고 지혜로운 자는 하늘에 재물을 쌓는다'는 말이 바로 이 말일 것이다.

자비 사랑 인이란

우리는 흔히들 사랑한다는 말을 자주 하고 또 듣는다. 연인 간에도 그렇고 부부간에도 그렇고 자식 부모 간에도 그러하다.

인간의 사랑은 자기의 요구 사항이 이루어지는 것이 사랑인 것이다. 다시 말하면 기대하는 사랑이지 무조건적인 사랑은 인간에게는 하나도 없다. 순수 사랑은 해주고도 한 바가 없는 사랑이 참사랑이고 자비이고 인이다.

근원인 빈 하늘이 있어 천지만물이 있고 사람이 있으나, 빈 하늘이 이것저것을 창조하여 사람이 먹고 살고 물도 주고 공기도 주나 그 대가성을 바라지 않는 것이 본래이듯 인간의 마음이 본래의 마음이 되지 않고는 참 자비 사랑 인이란 없다.

내가 해주었다는 마음이 없고 내가 한 것이 없는 마음, 다시 말하면 왼손이 한 것을 오른손이 모르도록 하는 마음, 이 마음이 신의 마음이 되었을 때만이 이렇게 될 수가 있다. 인간은 원수를 사랑하라 자비하라 어질어라 하지만 그 마음이 있어 내재된 마음에는 원수가 있다.

누구나 허이고 자기중심의 악귀인 자기 마음을 쫓아내고 진리인 신의 마음으로 바뀌면 나를 위해 사는 것이 아닌 세상을 위하여 살 것이고 남을 위해 살 것이다. 자기중심적인 인간 마음에서는 사랑도 자비도 인도 없고 오직 자기 위한 마음만이 있을 뿐이다.

인간의 마음을 신의 마음으로 바꾸는 것이 마음수련이고 신의 자식으로 다시 나게 하는 것이 마음수련이다. 마음수련은 말만 듣던 성자 신선 부처님 성인이 되는 곳이다. 인간 완성을 이루는 곳이다.

인간세상 너머의 신의 세상 1

오랜 예로부터 인간은 살아왔다. 인간이 이 세상 나 산 것은 천지의 조화에 나고 천지의 뜻에 사나, 인간이 자기의 멋대로 살아 인간은 자기의 세계를 만들고 자기가 잘나 사는 줄 알고 살아가고 있다.

세상이 있어 자기가 있는 줄 모르고 세상에 감사하는 마음이 하나도 없고 오직 자기의 마음의 틀에 맞으면 맞고 안 맞으면 안 맞는다고 하고 산다.

이 세상의 근원인 또 본래인 존재가 무엇인지 우리가 한번 생각을 해보아야 하는 것이라. 나가 세상에 나지 않았다고 생각을 해보자. 이 우주만은 있었을 것이다. 이 우주에서 생성이 된 하늘의 천체인 별들도 다 안 나왔다고 생각을 해보자. 빈 하늘만 있지 않는가.

이 존재는 시작 이전에도 있었고 지금노 영원 후에도 있을 것이다. 스스로 존재하는 진리인 본바닥이다. 영생불사하는 정과 신이고 또 참 영과 혼이고 성령 성부 보신불 법신불의 존재이다.

 이 자체는 아무것도 없으나 없는 가운데 일신이 존재한다. 없음이 우주의 몸이고 신이 우주의 정신이라. 우리나라 말에 신령스럽다는 말은 이 존재가 살아 있어 천지를 창조하니 신령스러운 것이다. 다시 말하면 이 천지만상은 이 자체에서 나서 이 자체로 되돌아가는 것이 세상 이치인 진리다. 우리나라 말에 돌아가셨다는 말은 이 존재로 다시 되돌아갔으니 돌아가신 것이다.

 이 존재는 근원이고 근본이고 창조주이다. 이 존재가 살아 있는 우주의 주인이다. 이 자체가 천지를 내고 이 자체가 천지를 창조하였다. 이 우주의 주인은 이 자체이나 사람이 이 세상에 태어나 자기중심적인 삶을 살고 있다면 주인인 이 존재가 봤을 때 분명히 바른 삶을 살고 있지 않음에 틀림이 없다.

 인간은 자기의 마음속에 살아 자기는 세상의 주인인 진리인 본바닥을 등진 역적 행위를 한 죄인이다.

 하나님의 본래의 모습은 우주 무한대의 빈 하늘 자체이며, 인간을 하나님을 닮게 만들었다. 그러나 인간은 하나님이 창조한 이 세상의 것을 다 자기의 마음속에 복사를 하여 자기의 마음세계를 구축하였으니, 하나님은 참인 세상이고 인간이 만든 것은 사진인 하나의 비디오테이프의 세상이다.

 사진은 세상의 것을 사진에 남기지만 인간은 세상의 것과 있었던 일을 자기 마음속에 가진다. 그래서 인간이 살고 있는 곳이 세상과 겹쳐져 있으니 세상 사는 줄 아나 자기는 하나의 비디오테이프의 세상 속 사는 것이다. 그래서 인간은 죄인이고 그것이 업인 것이다.

신의 세상은 인간세상이 아닌 보이는 참세상이다. 사람이 세상에 났지만 한 번도 세상에 살아본 적이 없는 것이 사람이다.

자기의 마음의 세상을 부수고 자기가 없어졌을 때만이 사람은 신의 세상인 참세상에 갈 수가 있을 것이다. 인간세상인 허상세계가 다 부서지고 없어져 넘어간 세상이 참세상인 신의 세상이다. 허상이고 죄인인 인간이 없어졌을 때 참인 신의 세상에 갈 수가 있다.

인간이 미완성이기에 우리는 성인의 말을 따르기도 하고 또 성인이 되려고 세계 각 곳에서 노력한 이들의 이야기를 많이 들어왔다. 그러나 신의 나라에 가는 방법은 신만이 알 것이다. 또 신만이 신의 나라에 온 자를 다시 나게 할 것이다.

신의 세상은 영생불사신이 되어 사는 나라가 신의 세상이다. 구세주는 세상의 주인일 것이고 사람을 신의 세상에 데리고 가서 거기에 나게 할 것이다. 그리고 세상도 신의 세상에 나게 할 것이다. 다시 말하면 본래인 빈 하늘에 우주에 있는 일체를 빈 하늘의 재질로 다시 나게 해야 빈 하늘처럼 영원히 살 것이다.

인간세상은 허의 세상이고
인간세상은 가짜의 세상이고
인간세상은 없는 세상이고
인간세상은 죽은 세상이고
인간세상은 생명이 없는 세상이고
인간세상은 지옥의 세상이고
인간세상은 사진의 세상이고
인간세상은 고통 짐의 세상이나

신의 세상은 실의 세상이고
신의 세상은 진짜세상이고
신의 세상은 있는 세상이고
신의 세상은 산 세상이고
신의 세상은 생명이 있는 세상이고
신의 세상은 천국의 세상이고
신의 세상은 사진 찍은 곳인 본래의 모습의 세상이다
신의 세상은 자유 해탈의 세상이다

인간세상 너머의 신의 세상에 가는 방법은 자기의 마음의 세계를 다 부수고 자기가 죽어야 신의 세상에 갈 수가 있다. 마음수련회는 이 방법이 있기에 센세이션을 일으키고 있다.

살아서 천국 극락 가자

우리는 흔히들 천국 극락을 듣고 살아왔다. 각 종교에서도 살아서 착한 일 하는 자는 천국 극락을 가고 살아서 나쁜 일을 한 자는 지옥에 간다고 우리는 들어왔다. 그래서 수많은 사람들이 천극락이 있다 없다도 생각하여 보나 인간의 마음세계에서는 해답이 없고, 종교를 통하여 천극락에 가려고 노력하는 자들이 많다.

그 천극락은 환상적인 곳이 아닌 이 땅 이곳이라. 지옥은 자기의 마음세계이고 이곳에서 벗어난 참세상은 이 세상이다. 자기의 마음세계에서 세상을 사진 찍어 만든 세계가 지옥이고 이 세계를 다 부수면 천국인 이 세상이다. 지옥은 허상세계요 천극락은 실상인 세상의 근원인 참 영혼의 세계다.

사람이 살아서 자기의 마음이 참세상인 진리의 마음과 하나가 된 자가, 참이 된 자기의 마음 속에 진리의 영혼인 세상이 있는 곳이 천국이다. 살아서 천극락에 가지 않는 자는 죽으면 이 천국이 없는 지옥세계이기 때문에 죽고 만다. 허상세계인 지옥이라 죽고 만다. 살아서 인간마음을 신의 마음으로 바꾸어야 진리인 신의 나라에 살 수가 있으며 이것이 천국이다. 그래서 살아서 인간이 완성이 되어야 천국에 나 살 수가 있다.

인간 완성의 대안

인간은 오랜 세월 동안 인간이 완성이 되기 위하여 수도를 통하여 또 종교를 믿어 이루려고 노력하여 왔다. 그러나 인간의 이런 흔적은 도처에서 많이 듣고 볼 수가 있으나 이 완성을 이루는 대안인 방법이 없었다. 이 세상에는 이 도로 가는, 다시 말하면 진리인 이 존재로 가는 방법인 도술이 없기에, 우리는 세속에서 어려운 문제에 봉착하면 '도술이 없을까'라는 말을 하듯이 그것은 세상에서 가장 어려운 방법인지도 모른다.

수없는 인간이 살다가 갔지만 이 인간 완성의 방법이 없었던 것은 본바닥의 주인인 완성의 존재가 이 세상에 오지 않아서일 것이다. 참인 이 존재만이 참에 가는 길을 알 것이고 참이 되게 할 수가 있어 우리는 이 구세주를 기다려왔다.

구세주란 세상을 구원하는 자로서, 세상의 구원의 대안은 인간의 마음을 세상의 근원의 마음과 하나가 되게 하여 이 나라에 나게 하는 것이 구세주이다. 인간의 마음세계는 참인 세상의 것을 모르기에 이 존재만이 알 수가 있을 것이다. 가짜인 인간의 마음의 세계를 다 없애면 진짜인 세상의 마음과 하나 되는 방법이 마음수련회에는 있다. 공개적이고 체계적이고 과학적인 마음수련의 방법이 인간 완성의 대안인 것이다. 인간의 마음세계를 다 빼고 다 없애면 완성인 진리의 자리가 나오고 이 나라에서 다시 나면 인간 완성이 되는 것이다. 인간의 완성은 진리로 남이다.

진리이신 창조주만이
가짜인 우리를 죽여줄 수가 있다

참은 허도 알고 참을 아나 허는 참도 모르고 허도 모른다. 그래서 사람은 참을 아는 자가 세상에는 아무도 없다. 사람은 미완성인, 진짜가 아닌 가짜라. 진리이신 하나님을 등진 자기 세계를 만들어 사니 인간은 죄인인 생명이 없는 존재라. 이 가짜를 다 없애고 죽여줄 수가 있는 것은 오직 참이고 진리이신 본바닥의 주인만이 그 방법을 알 것이다. 다시 말하면 가짜를 없애는 것은 진짜만이 알 것이다.

인간은 미완성의 시대에 수도도 하고 무엇을 찾기 위해서 많이 노력하여 왔으나 이룬 자가 세상에 없는 것은 이룬 자가 있으면 이루게 된 방법이 있었을 것이다. 그러나 자기 혼자 이루었다고 하는 것은 무지한 사람이 알 리가 없다.

이룸이란 누구나 인간 완성을 이루는 대안이 있어야 하고 그 방법이 있어야 한다. 이루게, 다시 말하면 참이 되게 하는 곳은 참이 있어 되게 할 것이다. 참만이 참 되게 할 수가 있고 참만이 허를 알고 허를 다 버리고 죽게 할 수가 있고 참만이 참으로 부활시킬 수가 있으니 참이 진리인 창조주다.

구세주인 진리가 오면 무엇을 할까

불교에서는 미륵이 오면 부처가 되게 하여 극락세계로 데리고 간다고 생각을 하고, 기독교에서는 구세주가 오면 교회에 나가는 사람을 천국으로 데리고 간다고 생각하는 이도 있다. 구세주의 상은 사람들마다 다르다. 아무튼 자상하고 친절하고 자기를 위해 준다고 사람들은 생각한다. 그러나 인간이 자기의 죄와 업에 죽어 있어 구세주가 그 죄업을 사하게 하려면 가짜인 인간이 그 가짜를 버리고 죽도록 해야 하니 인간의 관념 관습에서는 가장 원수일는지도 모른다. 구세주는 대자대비하셔서 그 죄업을 가진 인간을 죽여서 살리지만 가짜는 가짜를 가지고 진짜를 찾으려고 하니 인간에게는 적일 것이다.

우리는 다정다감하고 대자대비한 사랑의 구세주가 아닌 허인 나를 죽이는 구세주라는 사실을 알아야 할 것이다. 나가다 죽으면 천극락의 나라이고 그 나라 나게 해주시는 구세주는 인간이 가진 사고의 관념 관습과 또 돈 사랑 명예 가족과 자기가 가진 일체와 자기마저 의를 위하여 다 버려야 하니 그것을 가르치는 구세주는 인간의 가장 적일 것이다.

  결과는 인간이 다시 나고 거듭나고 부활하여 천극락에 영원히 살게 하시니 참사랑이시고 참 정이시고 대자대비 자체다. 구세주는 인간의 죄업을 닦게 하여 구세주의 나라에 가게 하고 다시 나게 하기에, 미완성이고 허상인 인간은 자기의 가짐의 일체로부터 벗어나고 구세주 마음인 본래로 되돌아감이 죄사함이고 인간의 업을 닦는 것이다. 이 죄사함과 업을 닦은 자만이 천극락에 갈 것이고 영원히 살 것이다.

성령으로 거듭난다는 뜻

거듭난다, 다시 난다, 부활한다, 성령으로 거듭난다의 뜻은 똑같은 말이다. 물과 성령으로 거듭나지 않고는 살 자가 없다는 말은 인간은 자기가 죄인인 죽어 있는 존재라는 말이다. 이 죄를 씻는 것이 물이요, 이 죄를 사하는 것이 물이다. 그래서 물로 세례를 하는 곳도 아직 있다. 죄가 물로 씻어지는 것이 아니고 죄를 씻는 방법이 물일 것이다. 인간이 죄를 다 씻어야 성령이 임하고 인간은 세상을 복사한 자기의 가짜인 마음을 가지고 있어 이것을 없애는 것이 죄를 씻는 것이다.

이 죄가 없으면 진리인 본바닥인 창조주의 마음인 신의 마음이 된다. 이 세상의 마음과 하나가 되어 이 세상에서 거듭 다시 부활해야 하는 것이다. 참인 진리나라에서 다시 그 영혼이 나는 것이 성령으로 나는 것이라.

사람들은 자기가 그대로 사는 줄 아나 형상은 자기이나 가짜인 자기가 아닌, 진짜인 자기가 세상의 마음이 된 그 나라에서 진리인 영과 혼으로 다시 나니 이것이 성령으로 나는 것이다. 성령이란 진리의 영혼으로 남을 뜻하는 것이다. 물질인 이 몸이 없어져도 내 안에 세상과 하나가 된 마음의 세상에 거듭 다시 나는 것이며, 가짜인 자기가 죽고 넘어간 진리의 세상에 난 나는 영생불사신이 될 것이다.

이 세상에 물질은 영원한 것이 없고 이 물질은 본바닥인 본래에서 와서 본래로 되돌아가는 것이 세상의 이치인 진리인 것이다. 그러나 본바닥인 진리의 나라에 나는 것은 진리의 나라의 주인만이 생명 자체라 그 말씀으로 다시 거듭나게 하실 수가 있을 것이라.

성령으로 다시 난다는 뜻은 자기의 죄를 다 사하여 진리인 본래인 성령의 나라에 성령의 영혼이 다시 나는 것이다. 살아서 자기의 마음에 성령의 나라가 있어야 하고 살아서 성령의 나라인 자기 속에 참 영혼이 부활된 자만이 살 것이다.

이 영혼은 이 몸이 살아 있어도 나 속서 존재하고 이 몸이 없어도 이 자체는 천극락인 곳에서 존재하는 신의 자식이라 영원히 죽음이 없을 것이다. 살아서 인간이 천극락에 살아야 하고 또 천극락에 간 자만 영원히 살 수가 있지 자기의 가짜 세계인 마음 가진 사람은 가짜라 죽고 말 것이다. 살아서 진짜가 되어야 하고 살아서 성령으로 나야 하지 않겠는가. 자기의 죄를 사함이 우선이 되어야 하고 사한 자는 진리인 참마음 가지어 그 나라에 날 수가 있는 자격이 있는 것이다.

'다시 난다, 거듭난다, 부활한다, 성령으로 난다'는 가짜인 자기의 마음의 세계가 없어지고 진짜인 세상의 마음이 자기 속에 있어 진리인 그 나라에 난다는 뜻이고, 그 나라에 난 자가 성령으로 난 자라. 가짜인 나가 죽고 가짜인 나의 세상을 죽고 넘어가야 또 없어져야 진짜만 남고, 진짜의 나라에 나는 것이 성령으로 다시 나는 것이다.

우주의 완성이란, 이 세상의 완성이란

완성이라는 것은 영원히 살아 있고 죽지 않는 것이 완성인 것이다. 이 우주는 창조된 이래에 완성이 되어 있지 않았다. 이 우주는 근원이며 본래인 허공인 우주 자체가 주인이라. 이 존재는 살아 있는 진리 존재라. 이 존재가 물질인 우주를 창조하였다. 이 창조는 인연인 천지조화에 의하여 삼라만상의 일체가 창조되었고, 이 물질은 주인인 본래에서 와서 본래로 되돌아가는 것이 세상의 이치다. 또 진리다. 이 세상에 있다가 간 물질은 모두 다 하나도 존재하지 않고 본바닥으로 되돌아갔다. 이것은 지극히 상식이다. 이 본래에서 와서 본래로 되돌아가는 것이 진리다.

그러나 이 세상의 완성은 이 세상에 나 있는 삼라만상의 물질이 본바닥인 본래의 재질로 다시 나는 것이 종교에서 말하는 구원이고 이 자체가 우주의 완성이다. 물질도 우주의 주인인 창조주가 했듯이 세상의 완성도 우주의 주인인 창조주가 올 때 사람인 진리 주인만이 이 완성의 나라에 부활시켜서 다시 나게 하실 수가 있을 것이다. 후천의 완성의 시대는 완성자가 세상에 와서 완성시킬 것이다. 본바닥의 주인이 세상에 사람으로 오는 것을 종교에서는 구원자가 온다고 했듯이 이 존재만이 구원을 할 수가 있을 것이다.

우주의 완성은 본바닥의 주인인 사람이 한다

이 우주는 무한대이고 이 우주는 끝이 없다. 이 우주의 근원인 하늘 이전 하늘이고 본래인 자리가 우주의 본바닥이고 진리의 자리다. 집은 땅이 있어 있고 땅은 지구가 있어 있다. 지구는 하늘이 있어 있다. 모든 별들과 태양 달은 본바닥인 하늘이 있어 있다.

이 하늘에 있는 탄소 수소 기타 여러 물질인 공기 속의 물질을 뺀 자리가 본바닥인 진리 자리고 창조주의 자리인 우주의 영과 혼의 자리다. 이 자리는 성령 성부의 자리고 보신불 법신불의 자리이고 정과 신의 자리다. 일체가 없는 자리가 우주의 몸인 정의 자리이고 없는 가운데 일신이 존재한다. 이 우주의 근원이 바로 이 존재이고 이 존재는 물질이 아니라 비물질적인 실체이고 살아 있는 존재다.

이 존재는 진리이신 창조주이시라. 진리이고 침이신 이 존재의 영과 혼이 이 세상에 있는 물질을 창조하였다. 이 존재는 전지전능하여 물질은 환경인 조건에서 난 것이다. 이것은 조건이 되면 이것저것이 나타나는 것이다. 이것저것은 저것이 있어 이것이 있고 이것이 있어 저것이 있는 것이다.

각 종교에서는 구세주인 미륵은 삼십삼천 도리천에서 온다고 했고 하나님이 하늘에서 와서 세상을 구원한다고 했다. 이들은 공히 본바닥의 존재가 사람으로 세상 와서 구원한다는 뜻이다.

참 구원이란 진리인 이 존재만이 이 진리의 나라에 사람을 데리고 간다는 뜻이다. 인간은 업과 죄가 있기에 이 죄업을 지운 자가 하늘나라에 갈 수가 있다는 뜻이다. 영원히 죽음이 없는 이 존재의 나라에 다시 나 살게 하는 것만이 구세주인 이 존재의 할 일일 것이다. 다시 말하면 본바닥의 비물질적 실체인 창조주 존재가 물질 창조를 했고 창조주 존재인 우주의 근원이 사람으로 세상 왔을 때, 진리나라인 참 영혼의 자기 나라에 세상과 인간을 영원히 살 수가 있게 할 것이다.

우주의 완성이고 세상의 완성이고 인간의 완성은, 사람인 창조주이시고 진리이시고 본래이신 주인이 그 나라인 정신나라에 참 영혼을 나게 하시어 영원히 살 수 있게 하시는 것이다. 이것이 우주의 완성이고 완성시키는 자가 완성자이고 구원자이다. 물질 정신 창조는 창조주만 할 수가 있다.

새 하늘과 새 땅이란

기독교에서는 예수를 믿는 자는 재림 예수님이 오시면 새 하늘 새 땅에서 영원히 산다고, 불교에서는 미륵이 오면 불국토에서 영원히 산다고 했다. 이 말은 서로가 표현이 다르나 같은 말이다. 이 세상에 사는 인간들은 사바세계에 살고 있고 죄의 세상에 살고 있기에 참세상인 새 하늘 새 땅에 살고 있지를 않는 것이라. 그래서 이 사바세계와 죄의 세상을 다 부수면 진리의 세상이 나오니 그곳이 바로 새 하늘 새 땅인 것이다. 진리인 이 나라에 가서 다시 나 사는 것이 새 하늘과 새 땅에 사는 것이다.

하나님이 창조한 이 세상보다 더 아름답고 완전한 곳은 없으나 인간이 하나님을 등지고 하나의 세상을 자기의 마음의 세상에다 사진을 찍어 세상과 마음의 세상이 겹쳐져 있으니 세상인 줄 사람은 착각하고 사니 사진의 세상이 죄의 세상이고 사바의 세상인 것이다.

자기의 마음세상에 살고 있는 자를 진리인 세상에 다시 나게 하는 것이 구원이고 이것이 새 하늘 새 땅인 것이다. 하나님의 나라는 이 세상이 완전히 다 구원이 되어 있으나 인간이 자기 죄업 속에 살아 이 세상에 가지 못하고 있어 자기의 죄를 회개하는 자만이 이 세상에 갈 수가 있을 것이다.

 자기가 이루려고 하는 자들은 못 이룬다. 흔히들 마음수련을 하다가 그 방법을 알아 자기가 이루려고 하는 이도 많고 공부하다가 그만두는 이도 많다. 가짜인 자기와 가짜인 자기의 마음을 닦아서 참의 마음이 되어 그 참의 나라에 다시 나고 거듭나고 부활하는 것이 마음수련회의 공부인 것이다.

 자기가 가짜라 이루려고 해도, 이루어도 가짜일 뿐일 것이다. 가짜인 자기 속에서 몇 단계까지는 깨칠 수가 있지만 그 이상은 그 단계 단계마다 자기의 허상세계를 부수는 방법이 다르게 있어 그 방법이 아니고서는 넘어갈 수가 없고, 또 이룸이 마음수련회에 있다면 이룸이 있는 곳에서는 이룰 수가 있지만 가짜인 자기가 이루려고 하는 것은 이룸이 있는 곳을 등진 것이라. 자기가 이루려고 하니 이루어질 리가 만무하다. 다시 말하면 진리를 등지고 진리를 이루려고 하는 것이다. 이룸이란 진리가 되는 것인데 진리가 있는 곳을 등지고 진리를 이룬다는 것은, 그것은 참 아닌 허가 이루려고 하니 결국은 참이 되지 않는다.

 이루는 자들을 보면 자기의 깨침에 감사하고 묵묵히 열심히 하는 자들이 이룬다. 못 이루는 자는 자기의 죄업이 두터워 그 틀이 강하여 그것을 부수고 넘어가지 못하고 자기 틀에 매여서이고 그것을 벗어나지 못하고 자기의 틀을 고수하고 있어서이다. 자기가 허이고 허상임 알고 진짜로 회개하는 자만이 이룰 수가 있다.

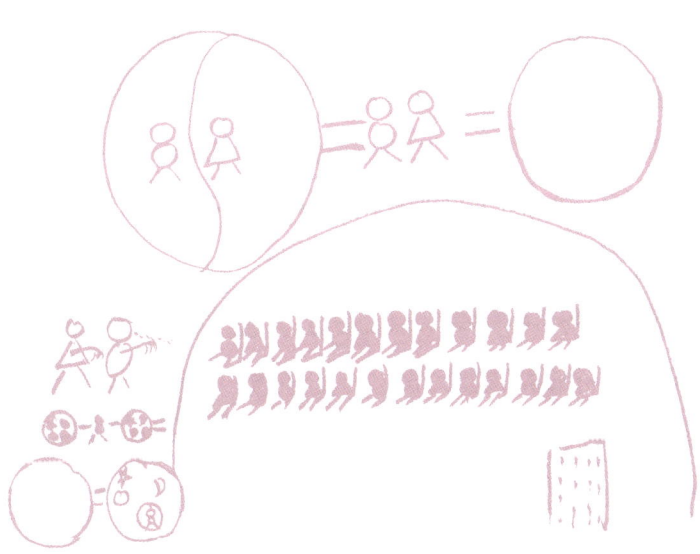

하늘의 뜻

하늘이란 여기도 하늘이고 저기도 하늘이고 이곳저곳이 모두가 하늘이라. 하늘의 참뜻은 이 세상 전체가 빈 하늘이 있어 세상이 존재하는 것이라. 이 우주 전체가 빈 하늘이 있어 우주의 천체가 존재하고 지구의 만상이 존재하는 것이라. 우리가 사는 것은 지구가 있어 있듯이 지구와 천체도 빈 하늘이 있어 있는 것이라. 이 세상에 있는 물체의 전부는 모두가 본바닥이 있어 있는 것이라.

이 세상의 천체와 만상이 또 물질의 어떤 것이 없어도 빈 하늘은 있을 것이다. 또 있어도 빈 하늘은 물질 안에 스스로 존재할 것이다.

이 세상의 이치는 물질이 온 곳이 이 빈 하늘이고 물질이 있다가 없어져도 빈 하늘이라. 온 곳이 빈 하늘이고 갈 곳이 빈 하늘인 것이 세상의 이치이듯, 우리가 세상 났다가 가도 빈 하늘이 되는 것이 정상이다.

그러나 사람은 자기의 마음을 만들어 놓고 그 속 사니 사람은 세상에도 살지 못하고 세상을 본뜬 허상인 자기의 마음속에 있기에 사람은 죽고 마는 것이라. 인간은 이 마음의 세상을 지우고 빈 하늘의 마음과 하나가 될 때 인간은 이 빈 하늘에서 이 세상과 자기가 하늘에 진리인 이 영혼으로 다시 나며, 그렇게 다시 나지 않고는 살 자가 없는 것이라.

천국도 사람의 마음에 어디 있을 것이라고 생각하는 것은 망상의 천국이고 실제 진리로 존재하는 빈 하늘에 나는 것만이 영생이라는 단어가 성립이 될 것이고 이것이 하늘 난 자는 하늘에 산다는 뜻이다.

빈 하늘이 진리고 하나님 부처님 한얼님 알라이시다. 이 자체는 정과 신, 성령 성신, 보신불 법신불로 존재한다. 일체가 비어 있고 그 자체에 일신이 존재한다. 비어 있는 존재가 우주의 몸인 영이고 일신이 우주의 정신인 혼이다.

이 세상의 물질 일체가 환경인 조건에서 나와 이것이 있으면 저것이 있고 저것이 있으면 이것이 있다. 이 일체가 하나인 우주의 정신이 물질로 표출이 된 것이다. 이 빈 하늘의 모양이 이 세상에 있는 물질의 일체다.

빈 하늘은 물질이 아닌 비물질적인 실체인 것이다. 이 존재는 물질이 아니라 세상의 물질 일체에 그 안에 존재하지 않는 곳이 없고 이 빈 하늘은 창조주이기에 아니 계시는 곳이 없다.

이 진리이시고 창조주이신 본바닥인 하늘에 나려면 자기를 세상에서 다 지우고 이 빈 하늘이 자기의 마음이 되어 이 재질로 다시 거듭나야만이 인간은 살아서 천국에 갈 수가 있고 영원히 살 수가 있다.

이것은 빈 하늘의 주인만이 빈 하늘에 부활시킬 수가 있을 것이다. 이 자체가 구원일 것이다. 살아 있는 빈 하늘이 있어 별 태양 달 지구가 있고 또 지구에 만상과 인간이 있다. 이 빈 하늘이 창조주인 것이다.

이 빈 하늘의 주인이 사람으로 왔을 때만이 이 빈 하늘에 세상과 인간을 나게 할 수가 있어 이 우주가 있는 것을 살리는 완성이 되는 것이다. 사람 속에 갇혀 죽은 세상을 사람마다의 마음속에 부활하게 하고 거기에 난 자는 그 세상의 주인이라 그 세상에 백성을 모을 것이다. 또 하늘 난 자는 하늘에 살 것이고 하늘 일 할 것이라.

하늘의 뜻이란 인간이 생각하는 그런 뜻이 없고 뜻조차 넘어서 존재하나 스스로 그때에 참이 행하여지는 것이 하늘의 뜻이다. 이제는 이 세상이 하늘에 나는 때다. 또 자기도 하늘에 나는 때다. 이것이 하늘의 뜻이고 이때에 우리는 하늘에 들어 영원히 살아야 할 것이다. 인간이 사는 이유와 목적은 이때에 하늘 나서 영원히 살기 위함이다.

구세주는 하늘서 온다
미륵부처님은 도리천서 온다는 뜻은

하늘이라 하면 우리는 저 멀리 있는 줄 아나 인간의 마음이 하늘과 하나가 되어 있으면 인간의 마음 안에 하늘이 있는 것이다. 이 세상에 있는 물체를 모두 없애면 남는 것은 본하늘만 남을 것이다. 그것이 진리인 참 하늘인 것이다. 이 자체는 성령과 성부의 존재로 되어 있으며 이 존재로 참마음의 나라에 스스로 난 자가 이 세상에 다시 와야 구원할 수가 있는 구세주인 것이다.

흔히들 이천 년 전에 돌아가신 예수님이 그 모양대로 하늘나라에서 구름을 타고 오시는 것으로 믿고 있으나 이것은 과학적으로나 현실적으로 맞지 않는 이치가 아닌가. 예수님이라면 참의 존재인 진리를 예수님이라고 말한 것이다. 참의 존재가 오면 예수님이 오신 것이고 구세주가 오신 것이라. 자기의 마음이 하늘이 된 자가 그 나라의 영혼이 스스로 부활이 된 자가 세상에 오면 구세주가 하늘에서 온 것이라.

미륵부처님이 도리천서 온다는 뜻도 마찬가지라. 도리천이 하늘 중 하늘인 본바닥의 하늘이라. 이 자체의 마음에서 진리로 난 자가, 다시 온 자가 도리천서 온 미륵부처님이라. 이 말씀들은 본바닥에서 진리이신 성인이 이 진리나라로 데리고 가서 살게 한다는 뜻이다. 이 존재만이 구원을 하실 수가 있다. 참의 나라는 이곳밖에 없고 이곳에 난 자만이 영원히 살 수가 있기 때문이다.

성인들의 말씀들

그 옛날부터 수많은 이가 세상에 와서 살다가 갔지만 어떤 이는 성인이 되고 어떤 이는 그냥 갔다. 옛 성인은 모두 다가 완성의 때가 옴을 예언하였고 또 그때에 천극락에 간다고 하였다.

단군사상에서는 홍익인간 이화세계가 이루어질 때를 예언하였고, 예언서인 정감록에는 미완성 시대에는 땅의 십승지를 찾았으나 완성의 시대는 천십승지를 찾으라고 했다. 예로부터 정도령이 오면 도의 종주국이 되고 또 도가 이루어지는 완전한 도가 된다고 했다. 증산 선생은 대두목이 온다고 했고 소태산 선생도 미륵이 온다고 했다. 불경도 미륵이 온다고 했고 성경에도 구세주가 온다고 했다.

이는 공히 이 우주의 원래 주인이 원래에서 사람으로 오시는 것을 예언한 것이다. 도가 이루어지고 완성이 되려면 우주의 주인이신 진리가 세상 오지 않고는 이룰 수가 없다. 옛 성인들은 그때에는 인간 완성을 시켜주지 못했고 진리의 이야기와 또 완성의 때를 예언하였다. 우주도 시때가 있어 인간을 완성시키고 세상을 완성시키는 때가 있다. 그때에 완성자가 올 것이다.

이 세상의 천지 만물만상은 진리인 근원에서 와서 근원으로 가는 것이 세상의 이치다. 다시 말하면 본래인 우주에서 와서 우주로 되돌아가는 것이다. 자연에서 와서 자연으로 되돌아가는 것이 세상의 이치다. 이 우주가 완성이 되려면 진리인 본래에 거듭나고 다시 나고 부활시켜야 그 영혼이 영원히 살 것이다.

이 우주가 완성이 되려면 완성자가 와야 할 것이고 이 우주가 완성이 되려면 이 근원이고 진리인 본바닥인 창조주의 나라에 나지 않고는 사는 방법이 없다. 옛 성인들은 이 완성의 때를 예언한 것이다.

완성이 이루어지는 곳이 있으면 완성의 때인 것이고, 완성이 되는 때에도 사람은 완성 때에 들지 못하고 자기가 믿던 종교에 묶여 있는 것을 정감록은 명확히 이야기해주고 있다. 우리의 선조들은 이때에 못 들까 봐 많은 비유를 하여 왔다. 정감록은 '소 울음소리가 나는 곳을 찾아라' '마음 닦는 곳을 찾아라' 아주 구체적이고 바로 이야기하였으나 사람은 알지 못한다.

성인의 시대

성인이라 하면 자기의 마음이 없고 창조주이신 하나님 부처님 한얼님의 마음을 가진 자이고 또 그 진리의 나라에 난 자가 산 성인이라. 또 참 성인이라. 성인이란 죽지 않는 불사신이 된 자가 참 성인이라. 성인이란 죄를 다 사한 자이고 죄가 없는 자라. 성인이란 업을 다 사한 자이고 업이 없는 자라. 가짜인 자기와 자기의 죄업인 허상의 자기를 다 없앤 자가 성인이라. 허인 자기를 다 이긴 자이고 허상세계를 없앤 자이다.

  살아서 성인이 되면 이 땅 이곳이 불국토요, 이 땅 이곳이 천국이 되어 물질인 이 몸이 없어져도 영혼의 이 땅 이곳에서 영원히 죽지 않는 불사신이라.

  성인이란 자기가 없고 진리가 되어 의의 나라를 건설하고 의인을 만들 것이다. 마귀 마구니가 사는 세상을 모두 쳐부수고 그 나라 사는 귀신들에게 항복을 받을 것이다.

  성인은 귀신인 자기를 위하여 살지 않고 세상의 사람을 위하여 살 것이다. 아니 귀신세계에 살고 있는 죽은 허상의 귀신을 구원하여 줄 것이다. 이 세상은 이미 성인의 나라이고 구원이 되어 있으나 자기가 있는 귀신은 성인의 나라인 진리의, 의의 나라에는 없고 살지 않고 있기에 구원을 하여주어야 살 수가 있지 않는가.

지금은 누구나 회개 참회를 하여, 귀신의 세상인 이 땅 이곳을 참의 나라로 화하게 하여, 영원히 살 수가 있는 천극락에서 사는 성인의 시대라.

성인은 자기 속에 의의 나라가 있고 자기 속에 한얼님 하나님 부처님 알라가 존재하시고, 이 나라 난 것도 이 나라의 주인님이 하신 것이라. 이 나라는 영생불사신만이 사는 천극락이라. 이 나라에 난 자가 성인이고 또 인간의 완성자이라. 성인은 인간 완성인 진리가 된 자라.

세상 종말, 말세의 정의

세상 종말, 말세란 우리는 세상의 끝이라고 생각하고 세상이 다 죽고 없어진다고 생각을 한다. 세상 종말과 말세는 새 세상이 오기에 구 세상은 종말이고 말세인 것이다. 구 세상은 인간이 인간의 마음에 살다가 새 세상은 인간의 마음이 신의 마음이 되어 신으로 다시 나 사는 때가 새 세상이다.

  구시대의 사람은 허상인 자기 마음세계에 살았고 새 세상에는 신의 나라에 신이 되어 사니, 새 세상 난 자는 영원히 살지만 자기 마음속에서 영원히 죽고 마는 인간은 종말이고 말세인 것이다. 옛날에도 기근과 가뭄과 지진이 있었고 이것은 항시 있는 것이니 이런 것으로 이 세상이 다 없어지는 것이 아니다. 살아 있는 진리인 신의 나라에 나서 사는 자는 새 세상에 살고 세상에는 없는 세상인 자기의 마음속 사는 자는 영원히 죽고 말 것이다.

영생 사상

종교에서는 극락 천국에서는 영원히 죽지 않는다고 한다. 우리가 영원히 죽지 않으려면 영원히 안 죽는 나라에 영원한 몸 마음으로 다시 나지 않고는 영원한 곳은 없다. 이 우주에 그런 곳은 한 곳밖에 없다. 그곳은 근원이고 진리인 우주를 낸 원뿌리인 것이다. 이 원뿌리가 이 우주에서 물질을 다 없앤 자리, 다시 말하면 하늘에 있는 천체 일체와 지구와 나가 없는 자리이다. 우주에서 물질을 다 버리면 남는 것은 우주의 하늘만 있지 않은가. 이 자리는 영원하고 없어지지 않는 진리인 창조주의 자리다. 이 자리에서 다시 나지 않고는 영원이라는 단어는 없다. 가짜인 인간의 마음을 버리고 이 대우주의 마음이 되어 이 나라에 이 재질로 다시 나면 여기가 천국이고 극락인 것이다.

이 천극락은 자기 마음이 천극락이 된 자의 마음 안에 있는 것이다. 내 마음이 진리인 이 마음이 되어 이 마음 안에 내가 진리인 영혼으로 살아서 나 있어야 영원히 살 수가 있는 것이

라. 이곳은 인간의 몸과 마음과 이 세상의 물질 일체를 다 버리고 진리인 본래가 자기 마음이 되어 다시 나고 거듭나고 부활하지 않고는 살 수가 없는 것이다. 살아서 천국 간 자가 죽어도 천국이 있어 갈 수가 있는 것이다.

영생의 바른 뜻

영생이라고 하면 영원히 사는 것이다. 영원히 산다고 하는 것은 죽음이 없는 것이고 죽음이 없다는 것은 살아 있다는 것이다. 영생하려면 영생의 조건이 되어야 하는 것이다. 영생의 조건은 참인 진리 자체가 되는 것이다. 참인 진리 자체가 되려면 허인 자기의 지은 업과 죄를 다 없애야 참이 나오고 참이 될 것이다.

업이란 자기가 만든 죄이고 죄란 본래 진리와 하나가 되지 못하고 진리를 역행하고 자기가 가진 마음의 세계에 인간이 살고 있기에, 그것을 사하고 본래의 진리로 되돌아가야 또 그 진리 자체로 다시 나야만 영생하게 될 것이다. 영생이란 진리만이 영원히 살 것이고 진리만이 생명 자체라 살 것이다. 다시 말하면 진리의 영혼인 신의 영혼으로 다시 나야만 영원히 살 것이다.

사람은 자기도 모르게 죄인 지옥의 세계에 갇혀 살아가고 있는 것이다. 이 세계는 참인 진리에서 보면 없는 세계이고 이 세계는 허상의 세계라. 허상인 세계 안에 인간이 살고 있기에 인간은 참으로 살아 있지 못하고 죽어 있는 것이라.

다시 말하면 없는 세계에 살고 있는 인간은 없는 것이다. 있다고 생각하는 또 살았다고 생각하는 것은 허상인 귀신이 그렇게 생각하고 있는 것이다.

이 세계는 없는 세계이고 이 세계는 죽음의 세계다. 산 것이란 세상이 살아 있고 세상에 있는 것은 다 살아 있으나 인간만이 죽어 있어 인간이 세상의 몸 마음으로 다시 날 때 살 것이다. 이 땅에 난 자는 땅의 허상의 세계에 살 것이고 하늘 난 자는 하늘의 몸 마음으로 다시 날 때 하늘에 살 것이다.

일체가 다 살아 있으나 인간은 자기의 마음을 가져 하늘에 나 있지 못하니 마음이 가난해야 하늘에 살 것이다. 마음이 가난하다는 것은 마음이 없다는 것이고 마음이 없으면 세상의 몸 마음과 일체가 되어 죽음이 없을 것이다.

보라. 하늘은 영원 전에도 있었고 지금도 있고 또 영원 영원 이후에도 있을 것이다. 이 하늘의 몸 마음으로 다시 나면 죽음이 없고 그 하늘나라에서 영원 영원히 살 것이다. 이 세상은 원래 다 깨쳐 있고 살아 있으나 인간의 마음이 하늘과 하나가 되지 못하고 역천한 행위인 자기의 마음을 가지고 있기에, 구원인 성불하여 부처님 성자로 거듭나는 것이 마음수련회의 목적인 것이다.

진리만이 진리를 낳을 수가 있고 진리만이 영원히 살 것이다. 마음수련은 참이 되는 공부다. 허허참이란 허허가 다 없어지면 참만이 있을 것이다. 마음세계 사는 사람들은 자기는 바르고 남이 맞지 않다고 생각하나 세상에는 의인이 하나도 없다고 하신 예수님 말씀처럼 참인 자가 세상에는 아무도 없기에 자기의 잘못인 마음을 닦아 모두 다가 살아 천극락에 가야 하지 않겠는가. 이것보다 더 바쁘고 중요한 것은 세상에는 없을 것이다.

　마음수련은 말 그대로 허인 거짓마음을 버리고 참인 진리로 거듭나 영생불사신 자체로 거듭나게 하는 것이라.

죽으면 그 나라의 왕이 된다는 뜻

기독교에서는 예수를 믿다가 죽으면 나라를 하나씩 맡아 그 나라의 왕이 된다는 말을 한다. 이 말은 예수님은 진리이신 창조주라. 이 자체가 근원이고 본래이시라. 인간마음이 근원으로 되돌아가서 여기에 난 자는 영혼의 이 세상을 자기 속에 가지고 거기서 태어나니 새 나라인 새 천지 주인이 자기가 되는 것이라. 각 인마다 이 천지가 있는 영혼의 세계에 난 자는 자기의 참마음 세계가 되어 이 땅 이곳인 영혼의 세계에 왕인 것이다. 그 왕은 자기 세계에 백성과 또 모든 자기 것인 재물을 다 쌓아야 그 나라가 잘될 것이다.

성경에 보면 어리석은 자는 땅에다 재물을 쌓고 지혜로운 자는 하늘에 재물을 쌓는다는 말은 바로 이 천극락인 자기 세상에 재물을 쌓아야 영원히 자기 것이 된다는 뜻이다. 천국 극락에 가는 기본 요건은 자기의 마음을 없애고 자기의 마음이 하늘인 세상인 진리인 근원의 마음과 하나가 되어야 자기 속에 진리이신 창조주가 있고 그 진리인 창조주의 몸 마음으로 다시 남이다.

　사람들은 이 몸에 집착이 붙어 이 몸의 참 영혼이 아닌 허상인 이 몸이 사는 줄 아나 이 허상과 허상세계를 다 부수고 없애버리면 근원이 남고 근원에서 다시 거듭 부활해야 진리 나라인 새 천지라. 이 나라가 자기의 마음속이고 이 나라가 없다가 있으니 새 나라라. 이 새 나라에 죽은 자기가 다시 나니 주인이고 왕인 것이다. 왕은 자기가 새 세상을 위해 열심히 일하여 자기 나라를 건설해야 할 것이다.

인간세상 너머의 신의 세상 2

종교에서 옥황상제의 세상이다, 극락이다, 천국이다, 선도에서는 신선의 나라다 하는 곳들은 모두 다가 참세상을 의미한다. 이 세상이 신의 세상이라. 인간의 세상은 인간이 태어남과 동시에 세상을 등진 죄인인 부모님께 몸을 받아 죄의 세상에 와서 또 사바세계에 와서 본래이고 세상이신 창조주를 등지고 자기의 세계를 만들어 사니 인간은 죄인인 것이라. 자기가 만든 허상이고 가짜인 인간의 세상을 다 부수고 허상인 자기가 다 없어지면 본바닥인 근원으로 되돌아감이 신의 세상이라.

인간세상 너머의 신의 세상은 죽음이 없고 영생불사신이 되어 영원히 사는 천극락 신선의 나라라.

인간의 세상이 없으면 신의 세상만 남는다. 이 우주의 본래인 창조주가 본바닥이다. 나가 있는 것은 지구라는 바닥이 있어 있고 지구가 있는 것도 지구의 바닥이 있이 있는데 그 바닥이 빈 하늘이다. 이 빈 하늘이 본바닥이라. 이 자체가 살아 존재하는 정과 신이고 영과 혼이고 성령 성부이고 보신불 법신불인 본래 존재하는 근원인 정신의 나라라. 인간의 죄업을 다 사한 자는 자기의 마음에 남음이 없고 죄인인 자기마저 죽어 없어지면 신의 나라가 자기의 마음이라. 이 나라에 참 영과 혼으로 다시 난 세상과 나는 영원히 죽지 않을 것이다.

우리의 죄업을 다 사하여 나와 나의 마음의 세계가 없으면 본래인 창조주의 나라인 신의 나라에 갈 수가 있다. 가짜인 나가 죽고 넘어간 나라가 신의 나라다. 인간은 수만 가지의 번뇌 망상과 또 수만 가지의 고통 짐의 세상 사나 신의 세상은 자유이고 해탈이 되어 생로병사가 없는, 일체의 것으로부터 벗어난 세상이라. 이 나라가 진리인 완전한 세상이라. 격암유록에 보면 땅의 십승지를 찾지 말고 하늘의 십승지를 찾으라 했다. 이곳이 천극락이고, 모든 짐 다 내려놓고 그냥 살고 영원히 사는 완전함 그 자체의 나라이고 영원히 살아 있는 나라라.

나는 어떤 성직자와 대화 중에 사람들은 죄사함과 업을 닦지 않고 천국 가려고 한다고 하였다. 이는 닭을 털도 뽑지 않고 먹으려 하는 것과 같은 것이다. 나는 웃으며 사람은 뱀 같은 머리로 천극락인 신의 나라에 가려고 하나 닭 털을 제거하는 것과 같은 자기의 죄업을 사하는 과정이 없이는 결과인 신의 나라인 천극락에 갈 수는 없다고 말하였다.

인간이 자기의 죄업을 닦지 않고 천극락에 가려고 하지만 가는 길이 없기에 가지 못한다. 죄업을 닦는 것이 신의 나라

가는 길이고 그 방법이 있어야 갈 수가 있다. 이 방법이 세상에 나오는 것이 인간 완성인 신이 되는 길이다.

  마음수련회는 이 세상에서 가장 원수인 자기를 다 버리는 방법이 있어 이루어지고 있는 것이다. 불교에서 대반열반은 크게 죽는 것이고, 가짜인 나의 몸 마음의 일체를 다 버리고 죽이는 것이며 무여열반은 남음이 없이 다 죽여 없애는 것이다. 이것이 신의 나라 가는 길이다. 기독교에서 예수님이 십자가에 못 박혀 돌아가신 것은, 인간과 신을 연결해 주는 다리는 죽음임을 뜻하는 것이다.

  가짜인 자기가 다 죽고 그 너머에 신의 나라는 영생불사의 나라이고 자유의 나라이고 행복 자체의 나라이다. 우리도 살아서 죽고 넘어가서 신의 나라 나 있는 자가 신이라.

이상문학과 이상세계

 이상이라고 하면 우리는 인간이 실현하지 못하고 허황된 망상의 것인 줄 알고 있으나 이상의 참뜻은 인간이 실현하고자 하는 궁극의 목표인 완전한 상태가 이상인 것이다.
 이상문학의 참뜻은 인간이 완성되는 경지에 가게 하는 문학이야말로 이상문학일 것이고 그 방법과 대안이 있어야 할 것이다. 인간은 미완성이기에 우리가 종교를 통하여 또 다른 수련을 통하여 인간이 바라는 인간 완성의 길을 향하여 가고 있지만 여태까지 이것이 실현되지 못한 것은 그 방법이 없어서이다.
 인간은 자기의 마음의 세계를 가지고 있어 그 속에서 인간이 살고 있기에 이 세계를 다 부수고 본래의 세계인 세상의 마음과 하나가 되는 길만이 인류가 하나가 되고 인간이 완성이 되어 그 영과 혼이 영원히 죽지 않는 불사신이 될 수가 있을 것이다.
 본래 마음으로 되돌아가면 모두가 한마음인 지혜의 마음이 되어 인류는 평화롭게 영원히 살 수가 있을 것이다.

인간은 자기 마음속에서 자기 것만 맞고 옳다고 생각하지만 사람의 마음은 하나의 현실이 아닌 세상을 사진 찍은 마음이라. 그것이 거짓이고 허라 맞는 것이라고는 하나도 없는 것이라.

이상문학은 인간이 지향하는 전인교육이 실현될 수가 있는 방법과 대안이 있는 것이 참 이상문학이고 이것이 될 때 이상세계가 펼쳐질 것이다.

이상세계는 현실적 불만이 없는 완전 세계이다.

이 세계는 인간세계의 관념 관습으로부터 벗어난 일체의 부족함이 없는 본래의 마음으로 되돌아갔을 때만이 인간은 마음의 고통으로부터 벗어나고 대자유인이 되고 부족함이 없어 남을 위해 살 것이다.

이 책을 통하여 세계의 각인들이 수없이 가짜인 자기를 버리고 전인 되는 방법을 알게 되고 있으니 또 완전한 상태가 되고 있으니 이 책은 망상이고 허상이고 가상이 아닌 현실적으로 실현이 되고 있는 참 이상문학인 것이다.

인류는 이때까지 자기의 마음세계와 자기가 없어지면 본래로 되돌아가는 방법이 없어서 미완성이었으나 이 방법이 있어 완성이 될 것이다.

이상문학을 통하여 이상세계가 실현될 것이다. 허를 실인 참 되게 하는 것이고 인간의 가짜의 마음을 진짜인 신의 마음으로 바꾸는 것은 자기 마음의 세계와 자기를 가짜이기에 버리면 되는 것이다.

진짜인 본래 마음인 신의 마음이 될 때 인간은 부족함이 없고 고통과 번뇌로부터 벗어나 항시 행복해질 수가 있다.

버리는 방법이 없으면 망상이고 공상이지만 버리는 방법이 있어 실현 가능한 이상문학이다.

전인교육의 시대

흔히들 정부의 교육 부처에서는 전인교육에 관하여 많이들 말해 왔다. 학교에서는 전인을 지덕체예(智德體禮)라고 써놓기도 하고 토의하는 시간도 있었다. 중국에서는 전인을 지인용(智仁勇)이라고도 한다. 이것이 한국말로는 지덕체인 것이다.

전인이라고 하면 완전한 사람을 의미한다. 완전한 사람이란 참인 진리인 사람이고 또 참 영혼이 죽지 않는 사람일 것이다. 이 사람이 성인인 것이다. 사람이 이 세상에 살면서 참사람이 구호에만 그치지 말고 되어 살아야 바른 삶을 살 것이다. 사람이 미완성이고 또 거짓이라 사람은 이 전인에 관하여 갈구하고 전인이 되려고 많이 노력하였지만 전인 되기는 쉽지가 않았다. 완전하다는 것은 죽음이 없고 살아 있어야 완전한 것이다.

인간이 의인이 되고 인간이 바르게 되려면 인간의 마음 구조부터 알아야 한다. 인간은 이 세상의 것을 사진 찍는 사진기인 것이다. 세상에 사는 줄 아나 인간은 세상을 봄과 동시에 자기의 마음속에 사진을 찍어 사진 속에 자기가 살고 있어 허인 것이라. 세상과 사람의 마음이 겹쳐져 있기에 사람은 세상 사는 줄 착각하고 사는 것이라.

자기가 경험한 일체가 자기의 마음속에 있지 않는가. 눈으로 보고 귀로 듣고 코로 냄새 맡고 입으로 말하고 감각 있었던 것이 자기의 마음에 새겨져 있지 않는가. 인간의 마음은 세상에서 있었던 일과 세상을 복사하는 복사기와 같은 것이다. 인간마음이 세상을 복사하는 복사기다. 인간은 세상 사는 줄 아나 세상 살지 않고 자기의 마음속에 살고 있기에 전인이 되지 못하는 것이다.

이 인간이 완성인 전인이 되려면 더하기만 하던 자기의 마음세계에 빼기를 해야만 완성의 길로 갈 수가 있다. 거짓인 사진이 버려진 만큼 참이 나타날 것이다. 거짓인 인간이 참이 되는 것이 완성인 것이다. 사람들은 지금까지의 삶에서 더하기만 하고 살아왔다. 그러나 거짓인 자기 마음속의 사진을 빼고 거짓세계에 살고 있는 자기를 버리면 완성이 될 수가 있고 본성을 회복할 수가 있다.

본성이란 본래의 성품이다. 본래의 성품이란 신의 마음인 진리의 마음이다. 인간이 복사한 그 마음이 없으면 본성을 찾을 수가 있다. 복사하기 전의 원본이 바로 세상인 본성인 것이다. 이 세상에 나가 있는 것은 바닥인 지구가 있어 있고 지구는 본바닥인 하늘이 있어 있다. 이 하늘의 마음이 되는 것이 본성 회복인 것이다. 거짓인 인간마음과 인간이 다 죽으면 진리인 이 하늘마음만 남아 인간이 본성 회복이 될 수가 있다.

 이 하늘인 본성에서 다시 나면 진리인 바른 나라에 난 자라 죽음이 없을 것이고, 세상 자체라 세상의 이치를 다 알 수가 있어 지혜 자체의 사람이 될 수가 있고, 순리의 삶을 살아 도둑이 없고 나쁜 사람이 없어 세상은 그야말로 지상낙원이 될 것이다.

 지금의 지식 공부는 먹고살기 위한 공부지만 완성인 인간이 되고 먹고사는 공부를 시키면 세상의 이치를 알아 더 공부도 잘하고 더 잘살 수가 있을 것이다.

 이제는 그야말로 본성 회복의 시대에 먼저 이 본성을 회복시키는 나라가 잘사는 나라가 될 것이다. 마음수련회는 본성을 회복하는 곳이기에 또 실제로 되는 곳이기에 수많은 사람들이 이 본성을 되찾기 위하여 모이고 또 많은 이가 본성을 회복하였다.

이제야 제대로 올 것이 왔구나

나는 세미나를 하러 세계 각처를 다니고 또 다닌다. 세미나 내용은, 세상과 세상에 살았던 것을 복사하여 인간은 가짜인 자기의 마음의 세상에 살고 있음을 확인시켜주고 이 가짜인 사진의 세상에서 빠져나가야 참세상이 있다고 하고, 참세상에 거듭나지 않고는 영원히 살 자가 없다고 말한다.

말만 듣던 성인이 되는 것은 자기의 죄업을 닦아 참에 가서 참으로 다시 나는 것이라고 하면 다 이해를 하는 것 같다. 그리고 나는 이제는 누구나가 천극락에 가는 시대이고 살아서 자기가 참이 되지 않고 천극락에 간다는 것은 말이 안 되는 것이다라고 한다. 천극락은 진리인 신만 사는 곳인데 자기가 진리가 되지 않는 자는 허라 죽고 말 것이다.

참이란 영원히 살아 있는 불변의 존재라고 한다. 진리의 나라는 자기가 다 죽고 넘어간 세계라고 이야기를 한다.

또 내가 세상에 태어나지 않았다고 생각을 해보자 한다. 내가 태어나지 않아도 이 우주는 있지 않은가 물으면 고개를 끄덕인다. 이 우주에 있는 물질이 다 나타나지 않았다고 생각해보자 한다. 그래도 빈 하늘은 있지 않는가 하면 모두 고개를 끄덕인다. 이 빈 하늘이 창조주이고 하나님 부처님 알라라고 한다.

그러면 어떤 사람이 이 세상인 지구에 나서 칠팔 십 평생을 살다가 죽었다는 것을 생각해보면 그 사람은 없어졌을 것이다. 본래이고 근원인 진리인 빈 하늘은 영원 전부터 있었고 지금도 있으니 이 주인인 빈 하늘 입장서 보면 인간은 일 초도 안 되는 삶 살다 없어졌다고 하면 모두가 맞다고 한다.

사람이 없어도 있어도 빈 하늘은 그냥 있지 않는가. 이 세상에 천만 년 전에 있었던 나무, 토끼, 사슴, 사자, 사람은 일체가 없어지지 않았는가. 세상의 이치는 천지의 일체가 본래인 본바닥에서 와서 본바닥으로 가는 것이 진리다.

인간의 가짜마음을 버리고 신의 마음인 진짜마음으로 바꾸어 신의 나라에 살아서 다시 난 자만 영원히 살 수가 있다고 한다. 하나님 부처님 한얼님이신 빈 하늘이 내 마음이 되어 세상의 이 재질로 난 나라에 이 재질로 내가 다시 나야 영생불사신이 되어 살 수가 있다고 한다.

영원이라는 것은 세상에서는 빈 하늘인 이 존재밖에 없고 이 존재의 나라에 이 존재의 재질로 다시 나지 않고는 영원이라는 곳은 세상에 없다. 그저 막연한 천국은 자기의 망상의 천국일 것이다.

　결론은 가짜마음을 진짜마음으로 바꾸어 진짜마음인 세상에서 다시 나는 것이다라고 한다. 가짜인 자기를 버리고 진짜인 자기가 나는 것이다라고 한다. 이런 이야기를 하면 사람들은 자기가 가진 종교나 또 자기가 아는 상식에 맞추어 보기도 한다. 그러나 그 방법이 있다면 해보겠다는 사람들이 많이 있다. 그래서 공부를 많이 시작한다.

　어떤 사람이 아무리 종교도 해보고 다른 것을 해보았지만 자기가 참인 진짜가 안 되더라는 것이다. 원수도 사랑이 되지 않고 미운 것은 그대로 밉고 좋은 것은 자기 마음에서 좋더라는 것이다. 그리고 자기가 가짜임을 알겠다는 것이다. 그러더니 그분이 이제사 제대로 올 것이 왔구나 하며 곧 공부를 시작하여 진리나라에 났다. 그 후에 그곳에 들러서 그에게 나는 다시 물어보았다. 이제는 원수가 사랑이 되느냐고 물었고 미운 것이 있느냐고 묻고 자기 마음에서 좋은 것이 있느냐고 물었다. 이제는 없다고 한다. 다 이루었고 진짜가 되었느냐고 물으니 이제는 다 이루고 진짜가 되었다고 한다.

우리나라가 세상의 으뜸국이 되고
종주국이 된다고 예로부터 많은 이야기를 해왔다

사람은 미완성이기에 우리는 종교도 가지고 또 도를 찾아 헤매기도 한다. 그러나 세상에는 이렇다 할 완성의 길이 없어 종교 전쟁이 끊임이 없었고 공산주의 민주주의 사회주의의 모순이 만천하에 드러나는 것 같다.

사람에게 이상적인 삶이 없을까. 여기에는 수많은 이가 연구해도 그것을 발견하지 못하고 있다. 그러나 미완성의 시대는 인간의 마음에 더하기만 하던 시대에서, 완성의 시대는 인간의 마음에 빼기의 시대다. 인간마음이 근원이고 본래인 하나님 부처님의 마음으로 되돌아가서 인간마음이 하나가 되면 싸움이 없을 것이고 순리로 삶을 살아갈 것이다.

마음수련이 세상에 나온 지가 십여 년이 지나니 말로만 하던 진리 이야기에서 이제는 모두가 자기가 완성인 진리가 되니, 하나 된 삶을 살아가는 것이 완성의 증거인 것이다.

우리 민족은 세상의 스승의 나라이고 세상에서 가장 잘사는 순리의 삶을 사는 나라가 되는 것은 시간문제인 것 같다.

인류가 사는 대안

우리의 정치사를 보면 예로부터 지금까지 싸움에 싸움을 거듭하고 있는 것 같다. 한마음이 되어 좋은 대안을 내어 국민을 잘살게 하고 편히 살게 하는 것이 아닌 불안 걱정을 일으키는 정치를 하고 있고 서로가 자기의 주장이 맞다고 고함지르고 번지르르한 말솜씨에 저가 잘났다는 정치꾼들이 우습다.

좁은 땅덩어리에 영호남 충청도 당이 있고 이것은 국민 화합이 아닌 분열이다.

사람은 이런 실정에도 화합할 수가 있는 대안이 없고 또 실행치 않아서다. 인간이 만든 체계 속에 공산주의가 무너지고 자본주의도 극에 달한 것 같다. 사람들은 모두가 자기의 잘못을 알고 회개하고 자기 탓임 알고 헛거품인 자기를 빼어 참사람이 되어 세상 사는 것이 합당할 것이다.

사람이 세상에 살면서 세상의 이치에 순응해 살고 세상의 이치를 알면 세상의 삶이 쉬울 것이나 자기 마음에 이 세상을 맞추려고 하니 맞추어지지가 않고 힘도 들고 어려운 것이다.

사람의 마음은 이렇게 거꾸로 되어 있으니 세상에 살기가 힘이 드는 것이다.

인간의 근본인 본성을 되찾아 사는 것만이 세상과 하나가 된 근본 마음에서 살아 지혜가 있어, 인간의 삶의 바른 대안이 될 것이다. 사람은 자기의 마음속에서는 자기의 뜻과 생각이 옳다고 하지만 사람은 바름이 하나도 없기에 바른 대안조차 없다.

세상의 입장이 되어 보면 그 대안이 아주 쉬울 것이다. 인류는 맞지 않는 개체의 관념 관습인 사고와 의식을 버리고 모두가 세상의 마음으로 바꾸면 한마음이 되어 생각하는 것마다 행하는 것마다 바를 것이다. 또 한마음이 되어 바른 대안이 나올 것이다.

수많은 시간을 허비해 교육을 하지만 진정한 바른 마음을 찾아 바로 사는 공부가 근본인데 이 교육이 없으니 사람은 힘들게 사는 것 같다. 또 아는 것도 지혜가 없는 것 같다. 바른 마음을 가지면 바른 행이 나올 것이고 바로 살아가고 바른 사고에서 바른 대안이 나올 것이다. 또한 자기 당의 입장만 맞다고 우기지 않고 다른 당의 주장도 맞는 것은 맞다고 인정할 것이다.

사람이 어떤 것이 맞는지 어떤 것이 바른지를 모르는 것은 자기중심의 먹은 마음 때문이다. 이것을 버리고 세상 마음이 되면 바른 마음이다.

대한민국이 정신의 으뜸국이다

미완성 시대에는 종교 철학 사상 모든 학문도 미완성인 인간이 그것을 풀이하고 생각하여 만들어서 모두가 바름이 없다. 각 종교는 그 경전이 틀린 것이 아니고 해석하는 것이 인간의 마음에서 하기에 서로 다른 종파가 생기는 것이다. 본래 경전은 진리 자리인 본바닥인 창조주의 입장에서 이야기한 것인데 이것을 세상을 사진 찍은 인간마음인 허상에서 자기의 생각대로 해석하니 서로가 해석이 달라서 종파가 생기고 있는 것이다.

  모든 경은 진리 자리에서 이야기했기에 그것이 틀린 것은 없다. 진리인 세상의 이야기를 세상과 겹쳐져서 사는 인간마음에서 그것을 알려고 하니 코끼리를 보지 않고 코끼리를 이야기하는 것과 같다. 경들은 모두가 진리 이야기를 하나 그 진리가 되는 방법이 구체적으로 세상에 없기에 인간은 미완성의 세월에 있게 되었고 언젠가는 완성자가 와서 완성시켜주기를 기다리고 있었던 것이다.

그러나 정녕 완성의 진정한 뜻을 모르고는 자기만 그 완성자가 오면 완성이 되고 구원이 되리라는 것은 자기 생각일 뿐 인간은 지혜가 없어 알 길이 없다. 종교든 어디든 내가 다니는 곳이 진짜이고 옳은 곳이라면 내가 진짜가 되어 있어야 하고 의인이 되어 있어야 하지 않겠는가. 인간이 완성이 되고 의인이 되는 대안이 또 있어야 하지 않는가.

종교의 창시자가 완성이 되었든 안 되었든 간에 자기가 완성이 되어 진리인 진짜가 되지 못했다면 가짜가 아닌가. 대한민국에서 이 진짜가 되는 방법을 구체적으로 가지고 있고 실행하고 있으나 자기 마음속에 종교의 사상을 가진 자는 자기가 완성이 되어 보려는 노력은 하지 않고 있다.

내가 이 세상에 태어나지 않았어도 이 우주의 본래인 근원 중 근원인 하늘은 있지 않는가. 이 하늘이 진리고 주인이고 창조주이시라. 이 존재가 천지를 내고 천지의 근원이신 이 존재가 영원 전부터 지금까지 살아 계신다. 하지만 인간은 세상에 태어남과 동시에 이 존재를 부인하고 이 존재의 세상 일체를 자기 마음속에 사진 찍어 자기도 모르게 세상과 마음세계가 겹쳐져 있으니 인간은 세상 사는 줄 아나 자기의 마음의 세상에 살고 있어 인간은 허상이고 그 세계도 사진인 허상이라. 이것은 세상에도 없는 인간 망념의 세계라.

진리란 세상에 있는 것은 있고 세상에 없는 것은 없는 것이

라. 진리인 이 본래에서 보면 인간이 태어나서 자기의 꿈속에서 살다가 죽어 버리고 마는 꼴이라. 우주 나이에 비하면 일초의 시간도 안 되는 칠팔 십 평생을 살다가 죽어 버리고 마는 꼴이라.

대한민국에서 자기의 죄업을 사하여 본세상인 진리인 세상의 마음과 하나가 되게 하여 이 세상에 다시 나게 하여 인간 완성을 이루고 있으니 이것이 종교 사상 철학이 최종으로 기다리던 그 자체가 아닌가. 이것이 대한민국의 완성의 대안이다.

인간의 완성은 자기가 꿈꾼 세상을 버리는 것이다. 이제 구체적인 방법이 있으니 지금 센세이션을 일으키고 있고 완성이 된 자도 수가 없이 많아지고 있다.

모두가 갈구하던 진리의 나라에 가서 영생불사신이 되는 것은 죄인인 자기를 회개하고 참회하는 방법과 세상 살면서 자기의 사진세계를 다 없애는 방법밖에 없는 것이다.

그것을 없애면 하늘나라가 자기 속에 있고 그것을 없애면 자기가 천국에 다시 나 사니 인간 완성이 되고 살아서 천극락에 나는 것이다.

대한민국의 방법으로 세상의 사람들이 법 없이도 살 수가 있는 의인만이 사는 세상이 되고, 세계가 하나가 되고 너의 나라 나의 나라가 없고 모두가 하나가 되어 사는 세상이 될 것이다. 미완성 시대의 성인의 이야기만 듣던 시대는 전쟁과 죽이고 살리고의 시대였으나, 완성의 시대는 남을 위해 사는 시대여서 이곳이 천국이고 영혼이 살아 죽어도 죽지 않으니 이 땅 이곳인 영혼의 나라에서 영원히 사니 이 얼마나 부족함이 없는 완전함인가.

완전함이란 죽음이 없이 영원히 사는 것이 완전함이고 인간 완성도 죽음이 없는 참인 진리가 됨이다. 대한민국은 이 방법이 있기에 세상의 정신의 으뜸국이고 이 방법이 있기에 앞으로 최고의 나라가 될 것이다.

모두가 인간 완성이 되는 방법으로 완성이 되려고 찾아올 것이고 또 완성되어 사는 사람들의 삶을 배우러 올 것이다. 정감록 예언서에 비행기가 눈이 내리듯 대한민국에 온다는 이야기는 바로 법 없이 살 수가 있는 인간 완성의 방법으로 완성이 되기 위해서 또 그 삶을 배우러 올 것이라는 이야기다. 우리 대한민국인은 누구나 완성이 되는 방법에 동참하여 세계인의 표본이 되어야 한다. 종교 사상 철학 학문을 넘어선 신의, 부처님의 자식으로 거듭나는 시대가 이루어진 것이다.

네 번째 이야기_시

영원한 세상

진짜 되는 곳 찾아 진짜가 되어

의의 나라에 의인으로 나야 하지 않겠는가

내가 무엇을 하고 무엇을 찾고 해야 할 일이 무엇인지

정신 차려야 하지 않겠는가

세월도 흐르는 강물도

세상의 것이 흘러가도

영원한 세상을 맞이하는 자는

지혜자이고 복된 자일 것이다   본문 중에서

인간마음

흐르는 강물은 흘러갔구나
말없이 어디론가 흘러갔구나
부딪치는 소리를 내어도 소리 속에 있지 않았고
굽이굽이 돌고 돌아도 그 도는 마음속에 있지 않았고
자연의 순리인 높은 곳에서 낮은 곳으로 흘러만 갔구나
말없이 흘러간 물은 앎도 없고
이것저것의 마음이 일체가 없었구나
수많은 세상의 것들이 사연이 많아 보이는 것도
인간마음에서의 발로이고
일체는 그냥 살구나
인간의 마음만이 수만 가지의 마음이 있구나

세월 밖의 세상

구름아 머물러라
바람아 불어라
흘러가는 세월 따라
세월 속에 있지 말고
세월 밖에서 세월 없이 살아 보아라
흐르는 강물도 세월 따라 가버리고
흐르는 세월도 세월 따라 가버리고
있음 없음에 수많은 것들도 세월 따라 가버리고
수많은 사연도 세월 따라 가버리고
세월 속 사는 것 일체는
세월이 모든 걸 잡아먹는 악마이구나
세월에 잡아먹히지도 말고
세월을 탓하지도 말고
그 세월 밖의 세상만이 완전한 세상이구나
덧없는 인생사가 없어졌구나

자연의 마음

하늘이 맑으니
하늘 색이 푸르다 못하여 검게 보이누나
맑은 물이 산 사이의 계곡 따라
돌바닥인 계곡물이 맑기 그지없는데
이름 모를 고기가 놀고 있구나

산은 높은데 이름 모를 꽃들이 여기저기 피어나고
새싹이 나뭇가지에 돋아나고 있구나
산에는 산나물이 돋아나고
다래나무에는 다래순이 많기도 하구나
산 계곡을 따라가다가 보니 취나물이 밭처럼 많기도 하구나
인적이 없는 산천을 따라 나물하러 이리저리 다니니
햇살마저 따스해 맑은 공기에 맑은 물에
세상에 찌들은 몸이 찌든 기가 다 빠지고
가볍기가 그지없고

온몸이 산천 닮아 깨끗하기가 그지없구나
젊은 날 등산을 했던 덕에 이 산 저 산을 헤매고 걸어도
지칠 줄을 모르겠구나

가지고 간 도시락을 물가의 넓은 바위에 앉아 먹고 있으니
조그마한 폭포가 있구나
낙수되는 언덕바지에 이름 모를 새가
무어라 조잘거리며 왔다 갔다 하구나

봄날의 산천에는 나만 보기가 너무나 아까운 것이 많고
날씨마저 따스한데
이 산천이 있고 얼마만 한 사람이
나가 다닌 곳을 다녔는지가 궁금해지구나
오기가 쉽지 않은 심산유곡에
사람이 다녔겠느냐는 마음이 들어 궁금했던 것이다

산 높은 곳으로 올라갈 때마다
현저히 나뭇잎이 덜 자라 있구나
계곡에 왔던 산노루 놀라 뒤를 힐끔힐끔 보며
달아나고 있고
이 산에 있는 동식물이 사람처럼 대 이어 살구나

집도 없고 발가벗은 자기만 가지고
바람이 불면 부는 대로 비가 오면 오는 대로
눈이 오면 오는 대로
춥고 더우면 춥고 더운 대로 말없이 살구나

있었던 모든 것이 다 사라지고
다시 오고 또 가고 하지만
간 곳도 본래이고 온 곳도 본래인 이치를 나만이 알고
무상한 세상에 무엇을 찾고 구하려고
수많은 이가 싸움하고 죽이고
도둑질하고 살아가는 사람이 철없다는 생각이 드누나

자연의 심이 되어 탓함도 없고
시기 질투 잘남이 없고
옳다 그르다가 없고
이것이다 저것이다 분별하는 마음이 없고
인간의 마음이 다 사라지는 것이 자연의 심이라

마음 이전의 마음

소리 없이 왔다가 소리 없이 떠나가는 수많은 것들은
대자연서 왔다가 대자연으로 가고 말구나
그 마음에 무엇이 있느냐에 따라 인간이 살아가듯이
그 마음 이전의 마음이 대자연의 마음이라
오고 가도 대자연은 말없이 있고
가고 오고 해도 대자연은 말없이 있으나
형상의 일체가 가고 오고
오고 가고 하는 것은 미완성이라
일체가 나온 그 근본 자리에 간 자만이
오고 감의 섭리를 알 것이다
이 세상에 일체의 것이 다 변해도
자연을 낸 본래의 세상은 변하지 않을 것이다
이것만이 진리고 이것만이 진짜인 참인 것이다
사람이 이 마음 가지고 있지 않고 이 마음의 나라에 나 있지 않아
사람은 죽어 있는 것이다

있는 참세상과 하나가 되지 못하고
자기의 마음의 세상에 인간이 살고 있기에
인간은 가진 그 마음 안에서 갇혀 영원히 죽고 말 것이다
자기가 세상에서 가장 비굴하고 몹쓸 존재임 알고
자기를 미워하는 자는 참 될 자격이 있고
자기가 무엇을 자꾸 먹고 챙기려는 자는
진리와는 거리가 멀 것이다
자기가 이루려고 하고 자기가 되려고 하는 자는
진리인 도와는 거리가 멀 것이다

참은 만상의 이전의 자리요
참은 인간 형상과 마음 이전의 자리이기에
이 참이 되기 위해서는 자기라는 마음 몸이 없어졌을 때
참의 나라에 갈 수가 있고
이 참의 나라에 거듭 다시 나는 것은
참 나라의 주인이 할 것이다
인간이 무엇을 찾으려고 하지 말고
자기를 완전히 부인하는 자만이
참 나라에 다시 나 살 수가 있을 것이다
우리가 살아서 천극락에 나 있지 않으면
영원히 죽고 말 것이다

내 마음이 우주의 본래로 되돌아가서
그 본래에서 다시 나지 않고는
영원이란 단어를 붙여서도 안 되고 붙일 수도 없다
영원은 단지 이곳밖에 없고 이곳만이 영생불사신이고
또 내가 이 불사신으로 다시 난다
진리는 이곳이고 진리로 거듭 다시 난 자만 살 것이다

시때인 철에 들어라

흘러가는 세월 따라 가노라면
세상도 강산도 나도 변하여 가구나
덧없는 인생사가 있기 전에도 세상은 있었고
또 세상을 낳은 본세상도 있었다

본세상은 그냥 있었으나
또 인간이 있어도 없어도
본세상은 그냥 변함이 없이 있구나
시작 이전에도 영원 이후에도 있구나
그러나 사람은 세월 속 살아 세월 따라 가버리고 말구나
예로부터 수많은 이가 덧없는 인생사
뜬구름 같은 인생사
부평초 인생사
인간의 삶을 없고 또 없는 것이라 말하고 했으나
그 뜻 아는 자가 없었다

참이 되는 철에 들어보니
분명히 인간의 삶과 인간이
이 세상서 죽고 마는 헛된 삶을 사는 것도
참을 알고 참 되어보니
이것이 옛인들이 말한 것이 틀림이 없구나
세상과 하나가 되지 못하고 세상을 자기의 마음속에 새기어
그 속의 세계에서 허상으로 살아가고 있으니
이것이 사진이었구나

헛되고 부질없는 인생사에 수많은 이는
자기의 목숨도 걸고 자기가 잘되려고 애쓰나
자기의 마음이라
언제나 누구나가 허상에 안 살고
참세상 사는 것은 참의 마음 될 때인데
그 참 아는 자도 없고 참 된 자도 없기에 알 수가 없으나
철들 때가 되었다
철든다는 뜻은 참 되는 철이 이때인 것이다

헛꿈의 세상

소리 없이 떠나간 세월 속에
그 옛날 한 옛날부터 지금까지
얼마의 인간이 살았는지 알 수가 없으나
강 건너 복사꽃이 활짝 핀 마을에는
초가집에 동리에 두어 채의 기와집이 있구나
할 일이 별로 없는 아이들과 아낙네는
낯선 사람을 집집마다 나와 보누나
길 따라가다가 보니 여기저기에 마을이 있구나
동리 어귀에 초라한 가게가 있어 들르니
독에 술이 있는데 바가지를 띄우고 있구나
들판에는 한복을 입은 남정네가 보리밭에 골을 긋고 있구나
보리가 파릇파릇 성장해
고랑이 보이지 않을 만큼 어우러져 있구나
하늘에서 종달새가 지저귀고 있고
외로이 들판에서 일하는 사람은

근심 걱정이 없이 그 일을 천직으로 알고 하고 있구나
토담집 담들이 집집을 표시하고 있는 골목길들이
생전 처음 보는 길이지만 익히 보던 길 같구나
길을 가다가 보니 냇가가 나오고 그 냇가는 돌 징검다리라
조심해 건너다 보니 봄기운에 물이 해동이 되어
뿌연 빛이지만 맑구나
붕어 떼가 지나가는 것이 보이고 개구리 떠 있구나
풀들은 파릇파릇하게 자라고 있고
따스한 햇볕에 아지랑이가 아물아물 피어 있고
주저앉아 있어도 더 걸어가기가 싫구나
대대로 살아온 후손들만이 옛인들이 살았다는 증표가 되어
윗대 윗대의 5대조까지 제사를 집집마다 지내고 있고
삼국시대 때에 빼앗고 빼앗기던 곳이라
그 옛날의 말발굽 소리가 어디 갔는지
이름 있는 장군은 어디 갔는지
그냥 머리에 옛일이 스치누나
저 산 너머에는 항시 가고팠으나
걸어서 가는 길이 예사가 아니구나
산 너머 가는 길이 솔 향이 짙고
산길 따라 가보니 낮이나 머리가 주뼛주뼛 서구나
그 옛날 호랑이가 있었다는 이 산은

굽이굽이 돌고 돌아 가쁜 숨을 몰아쉬며
한참을 오르니 산 정상이 나오누나
잠시 확 트인 바위 위에 올라 아래를 내려다보니
저 먼 곳에 동리가 보이누나
많은 이들이 이 산을 넘었으리라
다들 다른 사연을 안고 넘어갈 때
그들 다가 무슨 생각이 떠올랐을까
산을 정신없이 내려오다가 보니
산 위에서 떨어지는 물줄기가
폭포가 되어 낙수하는 것이 정말 장관이구나
물소리가 계곡 따라 내려가는 것이 센 물줄기구나
언제 살았는지 이 산속에도 오두막집이 있었는데 한 채만 있고
그 주인이 어디 갔는지 여기서 죽었는지
외로이 있는 초가집은 말이 없구나
한참을 내려오니 집이 한두 채 보이더니
조그마한 마을이 있구나
그 옛날 신라 때의 전쟁에 밀려와
이 산속 산다는 후손들은
가난하기가 이를 데 없이 토담집이 너무나 허술하구나
계곡을 따라 굽이굽이 내려오다가 보니
계곡이 점점 커지구나

동리 앞을 지나니 남정네들이 한복을 입고
대 담뱃대에 담배를 피우며
가게 앞을 서성이고 있고 그냥 한가로이 서 있구나
동리의 개가 낯선 나를 보고 따라오며 짖어대고 있구나
나는 목적지가 없이 가고 있었다

사람이 많은 도회지에 가니 모두가 바삐 살아가고 있구나
자기가 할 일이 있는 자는 그 일에 묻혀 살고
할 일이 없는 사람은 놀고 있으나 먹고삶이 걱정이구나
내가 지나온 모든 사람과 세상은 헛꿈의 세상임 철들어 알았고
귀신인 사람과 귀신의 세상이었구나
아름다운 추억이 내 마음속 남아 있으나 사진이구나
그 허상 속의 세상 삶도 세상 나와 보니 알겠구나
세상과 겹쳐진 내 마음속에 산 나는
산 것이 너무나 어리석었구나
헛꿈이었구나

허망한 인간의 삶

허기 가진 마음에
허기를 더 채우려고 하는 것이 인간의 마음이라
허기라 채워야 되는 것이 습성이나
이 허기진 자는 채워도 채워도
끝이 없고 이것이 고통과 짐이라
세상은 유수 같은 세월 따라 변하여 가고
그 세월 따라 일어나는 수만 가지가
나의 마음에 남아
이것이 하나의 허상임 모르고
이것이 자기 되어 미쳐 날뛰니
허망한 인간의 삶이고
없는 허상 인생의 삶이라

흘러간 청춘 시

말없이 흘러간 세월 따라
나의 청춘은 말없이 어디론가 가버리고
신체의 부분들이 청춘과는 달라져 있으니
부질없이 바쁘고 바쁘게 날뛰던 나의 삶이
한없이 한없이 허무만 더하여 왔구나
이룬 것도 이루려던 것도 모두가 부질없는 것이고
모두가 허무한 것이어서
인간이 완성이 되는 철이 없던 시절의 삶이었고
꿈의 시절이었구나
원과 한도 있었다
가지고 싶은 것과 이루고 하고 싶은 것이
꿈 깨어 보니 모두가 그렇게 되지 않은 것이
천만다행이었구나
나는 꿈속에서 깨어보지도 못한 채
꿈의 세계에 헤매기만 헤매고

이리저리 나의 꿈의 각본에 쉴 날이 없이 살아왔구나
흐르는 세월에 아쉬움이 있는 것은
더 빨리 꿈속서 나와
꿈 깬 세상일을 더 못한 것이 한이 되고 아쉽구나
꿈속의 일이 모두가 헛것이고 헛짓임도
꿈 깨고 보니 알 수가 있었던 것이라

세상의 이치는 있는 물질 일체가
세월 따라 가고 마는 것이
자연의 이치고 진리라는 것도
내가 꿈 깨고 알 수가 있었던 것이라
무엇의 한과 원을 가진 것도 꿈속이었으니
나는 그 꿈속에서 그 원과 한이 유난히 많았으나
그 원과 한을 이루지 못한 것이
다행 중 다행이고
꿈 깨는 데 쉬웠는지도 모른다

잘난 이가 어디에 있고
못난이가 어디에 있느냐
꿈속에서는 잘나고 못나고가 있고
꿈 밖에서는 누구나가 하나가 되어

자유로이 사는구나
흘러간 청춘도 잘 갔고
남은 시간이 짧다고 탓 않고 할 일 하다가
말없이 이 몸 벗고
내가 일한 세상인 이 땅 이곳의 영혼의 세상에
나의 나라가 성장하고 많은 이가 구원되어
나와 영원히 사는 이를 기다리고 있을 것이다

겨울 산행

온 산천에 흰 눈이 쌓여 있구나
그러나 설경을 즐기는 등산객들은
무릎까지 빠지는 산길을 오른다
길이 어디인지를 모르나 먼저 간 이들의 발자국을 따라
오르고 또 오르니
온몸에 땀이 나고 이마에도 땀이 흐르기 시작하는구나
눈 온 뒤에 찬 바람이 휘몰아쳐 눈이 날리고
나뭇가지에 쌓인 눈은 아름다운 설화가 되어 있구나
굽이굽이 돌고 돌아
몇 시간의 가쁜 숨소리와 내뿜는 입김에
온몸은 땀에 젖어 찬 공기에 속옷이 차구나
정상이 가까워 보이니 거기에는 큰 나무가 없고
키가 작은 깡마른 나뭇가지에 설화가 장관이구나
가까워 보이는 정상에 있는 힘을 다하여 오르니
많은 이가 야호 소리와 함께 정상에 오른 기분을 마음껏 누리며

누구나 마음이 느긋하구나
영하 10도가 넘는 이곳에서
사람들은 군데군데 모여 이야기하고 있고
이 산에 오른 자만의 기분을 느끼고 있구나
이때의 기분을 아는 자는 없을 것이다
워낙 추우니 소주잔에 한잔씩 하는 사람도 보이누나
학생들이 산에 오르며 힘이 너무 빠져서
술을 한잔씩 하고 올라오다 정상에 오르니
동공이 풀려 걷지도 못하는 사람을
학생들이 옮기지 못하여
나와 여러 사람이 번갈아 업고 미끄러운 그 험한 산을 내려와
산사에 내려놓고 설탕물을 좀 주라고 학생들에게 시키고
말없이 떠나려 하니 주소라도 좀 달라고 학생들이 말하누나
나는 괜찮다며 말없이 떠나왔어라
큰 산이라 굽이굽이 돌아 나와도 산 계곡이라
온몸의 기분은 가본 자만이 그 기분을 알 것이다
산골짝 계곡 계곡에는
동리의 사람들과 띄엄띄엄 몇 집들이 있는데
집도 많이 늙어 가난하기가 이를 데가 없구나
산 다랑이논을 소작하는 사람들은
먹고살 여유가 없어서인지

추운 날씨에도 닳고 찢어진 옷을 입고 있고
여유가 없어 보이누나
얼음 속에는 물이 흐르고
한참을 내려오니 주차장이 있구나
주막에 들러 막걸리 한 사발에
오뎅 국물과 오뎅을 안주 삼아 먹으니
그 맛을 아는 자는 없을 것이다
평소보다도 더 많이 먹어도 술이 취하지 않고
기분만 좋구나
아마 몸에 기분이 좋아서인 것 같다
거나하게 취한 나는 집으로 왔다

눈이 오고 뉴욕의 설화를 보니
자유로이 이 산 저 산 등산을 하고 다니던 한때가
그리움으로 변했구나
다시는 이 산 저 산을 다닐는지
아마도 늙어, 또 시간이 없어
그러한 시간이 없으리라는 생각에
그리움이 더하고 있구나

참이 와도 가도 사람은 모른다

구름이 머물구나
빈 하늘에 수많은 구름이 왔다 갔다 해도
모두가 하늘에는 자국이 하나 없구나
진리의 근원을 사람에게 다 보여주는데도
인간은 보지 못하누나
사람의 마음속에 참이 없기에 사람은 못 보누나

흘러간 수많은 세월 속에 수많은 이가
도가 무엇인지도 그 뜻 이유도 모르고
이루려고 애쓴 흔적은 수없이 많아라
자기를 다 버리고 참만 남아
참의 나라 나는 것이 도임을 모르고
자기가 이루고 자기가 찾으려 해서인지
도인은 없었어라
만일에 이룬 자가 있으면

이루는 그 방법이 있을 것이라
수많은 이가 알토란 같은 젊음을 불사르고
아쉬운 한숨만 오갔을 것이고
허송세월에 늙고 병들어 죽었을 것이다
세월이 그 한도 수많은 이의 목숨도 거두어 갔구나
뜻 못 이룬 자들이 어디 갔는지를
아는 자가 없는 가운데
세월만 흐르고 후일에 많은 이들이 망념의 상을 그려
사람마다 자기의 생각을 했을 것이다

옛 시대의 영웅은 사람을 많이 죽인 자이고
성인은 진리의 이야기를 하고
또 진리가 사람으로 온다는 것을 예언하였다
진리도 진리가 와야 사람을 진리가 되게 할 수가 있고
완성자가 와야 완성이 될 수가 있을 것이다
언젠가는 그 때가 온다고 경들이 이야기했었으나
그 시 때는, 또 그 때가 와도
사람들은 아무도 알지 못하는 것이
사람의 마음에는 그 진리가 없기 때문이라

사람의 마음은 자기가 찍은 사진의

그 관념 관습밖에 없기에
자기중심의 관념 관습에 얽매여 참뜻을 알 수가 없는 것이다
아무리 구세주가 와도 가도 사람은 알지 못할 것이다
자기가 참이 된 자만 알 것이다

산 세상 가자

세상은 살아 있으나 인간이 살지 못하고 있구나
세상은 그냥 있으나
인간은 수많은 번뇌와 헛꿈을 꾸고 있구나
모두가 뜻이 없는 거짓임도 인간이 참 아니라 알지 못하고
고뇌하고 번뇌 짓다가 죽고 말구나
영원히 산다는 아련한 말들의 참뜻도 모르고 있고
참 안 되면 죽고 마는 것이 당연한 이치가 아닌가
그러나 참 안 되어도 누가 구원해 줄 줄 아나
이것은 하나의 잘못됨이니
정신을 고쳐먹고 참 되도록 노력하여 참 됨이 으뜸이라
진짜 가짜는
진짜는 이 세상이고 가짜는 사람이라
영원한 세상에 자기의 마음속이 그 세상이 되어
그 나라에 나지 않은 자가 산다는 것은 어불성설이 아닌가
무엇을 찾고 무엇을 이루려 하지 말고

거짓인 자기를 버릴 때만이 참인 진리가 나타나고
진리의 주인의 뜻에 진리의 나라 나는 것이
인간이 해야 할 일이 아닌가
이것을 안 하면 인간이 사는 이유와 목적이 없지 않은가
인간의 한세상인 칠팔 십 평생에 살지 말고
세상의 한세상인 영원한 세상 사는 자가
지혜자이고 현자가 아니겠는가
무엇을 가지려는 자는 죄를 더 짓고
버리고 자기마저 없애는 자가 죄사함하여
참의 나라 날 수가 있지 않은가
마음이 참이 된 자는
자기의 마음속에 천극락이 있어
이 세상이 모두가 살아 있고
자기도 마음속서 나 있지 않는가
인간의 마음이 없고 신의 마음이 내 속에 있으면
사진이 찍히지가 않고
정신의 주인이 나 속에 있지 않는가
그 본바닥의 나라에
나인 참인 영혼이 나 있어야 영생불사신이 되지 않은가
살아 천극락에 가지 않는 자가 죽어서 간다고 말하는 자는
가지 못하고 영원히 죽고 말 것이다

진리를 보는 자가 세상에 없는 이유

날이 맑으면
하늘이 맑게 잘 보이지
마음이 맑고 깨끗하면
하늘이 맑게 잘 보이지
일체가 하나인 진리이지만
그 진리를 보는 자가 세상에는 없는 것이
사람은 세상 나 살지 못하고
자기의 사진의 세계에서 살아 있기 때문이지
자기의 마음의 세계이지
허상의 세계이지
똥 세계이지
귀신의 세계이지
사진이고 실인 세상이 아니지
일체는 자기의 마음속에 갇혀
인간은 누구나 죽어 있지

참인 세상에 나는 것은
자기의 마음의 세계인 사진의 세계를 없애고
세상 나는 것이지

진짜가 되는 곳이 진짜다 말해도
들리지가 않구나

세월은 흘러가 나도 늙어 가누나
말이 없는 세월은
세상의 있는 것을 다 삼키는 하나의 악마인가
뜻 이유도 모르고 한세상 살다 보면
갈 곳도 모르고 세월의 악마에게 당할 자 없구나
더 살고픈 인간 생에 포기치 않는 마음에
원한과 유언과 눈물 남기고 인간의 한세상 떠나고 말구나
사람들은 떠난 이가 어디 갔는지 모르는 것은
자기가 죽어보지 않아서 저승을 모르누나
죽어봐야 저승을 알 수가 있는 것이라
인간이 간 저승은 진리의 나라에는 없는 허상의 저승이라
인간의 한세상에 살다가 사라졌구나
영원히 죽고 말았구나
자기의 영혼이 진리의 나라에 나 있지 않아서 죽고 말았구나
덧없다 부질없다는 인생을 탓하던 옛인은

그 인생이 살다가 없어지니 하는 말인지

세상에 없어 탓했던 말인지

무슨 말인지는 그 말을 한 자에게 알아봐야 하는데

그 자도 죽고 말았으니 알 길이 더 없구나

말 못 하던 수많은 사연에 수많은 원한만 남기고

꿈처럼 구름처럼 연기처럼 사라지고 마는 것이 인생 삶이었구나

이 인생을 영원히 사는 줄 알고

자기만을 위하여 자기의 성을 쌓고 쌓으나

이룬 것도 없고 남는 것도 하나 없고 뜬구름이나

철없는 사람은 이 사연 아는 자도 없으니

단단히 자기의 사슬에 묶여 살구나

가고 오고의 수많은 것이 사라지고 오지만

온 곳 갈 곳 모르는 가운데

인간의 한세상은 누구나 살다가 가고 없어지나

하늘은 자비와 참 정이 있어

어김없이 가련한 인생과 세상에 있음을

버리지 않고 살게 하는 고마움이 있는 철에

어김이 없이 그 철이 왔으나

인간은 자기 사슬 속에 묶여 어느 철인지를 알지를 못하누나

허기진 사람은 짐 속에서

세상의 일과 세상의 진정한 뜻과 세상을 모르누나

부질없는 인간 한생에 살지 말고
세상의 한세상에 살자는 슬로건이 들리지 않구나
헛부스러기 진 짐은 찾아봐도 헛부스러기나
그곳에서 그 마음 가지고
미친 소리 귀신 소리 망념의 소리만 되뇌고
참세상 일을 참세상 이야기를
그것도 책에서 훔쳐 먹고 지껄이나
먹는 자는 결국은 헛것만 먹고
참 되는 곳이 참이다고 말해도 인간은 알지 못하고
헛부스러기만 집어먹고 있구나
자기가 다니는 곳이 진짜면 진짜가 되어 있어야 하지 않겠는가
진짜 되는 곳만 진짜가 아닌가
귀가 있거든 듣고 맞는 말이다 박수 치고
진짜 되는 곳 찾아 진짜가 되어
의의 나라에 의인으로 나야 하지 않겠는가
내가 무엇을 하고 무엇을 찾고 해야 할 일이 무엇인지
정신 차려야 하지 않겠는가
세월도 흐르는 강물도
세상의 것이 흘러가도
영원한 세상을 맞이하는 자는
지혜자이고 복된 자일 것이다

본고향

그대는 본고향을 아는가
인간이 태어난 고향이 고향이 아니고
근원이고 본래인 본바닥이 너의 고향이 아닌가
고향에는 걸림이 없고 막힘이 없고 대자유이고
객지 나가 죄 때문에 고향 오기를 싫어하는 이들은
객지에 허상을 많이 가지고 그 속에 살아서
고향을 잊고 고향 따위는 생각조차 않고 있구나
고향의 부모님은 객지에서 떠돌아다니는
고생하는 자식을 생각하면 가슴이 아플 거야
고향의 부모님은 객지에서 고생하지 말고
고향의 세상 다 줄 테니 또 죄를 다 씻게 해줄 테니
돌아와서 깨끗한 몸 마음으로 살으라고 하신다
죄 속에서 재미라고 생각하고 죄 속서만 살고 있으나
죄 속임 모르고 있으니 정말이지 가슴 답답한 지경이구나
객지에서 객사하여 자취가 없이 사라지지 말고

고향 와서 객지 죄 벗고 새 사람 되어
영생불사신 되어 고향에서 부모님 모시고 영원히 살자
근심도 없고 걱정도 없고 스트레스도 없고
탐진치칠정오욕이 없고
인간이 가진 고뇌의 일체도 없는
인간의 관념 관습으로부터 벗어나 자유요 해탈이라
인간세상의 모든 것을 넘어선 자리라
이 고향에서 영원히 마음 편히 자유로이 살자

나의 뜻

밤은 늦은데 무슨 새인지는 알 수가 없지만
나무에서 처량히 울고 있구나
그 옛날 산사에서 나는 고독을 씹으면서
인간세상의 공부를 한다고 있을 때
소쩍새가 밤새워 울고 산골 물이 밤새워 흐르는 소리에
고독한 그 시절이 외롭던 그 시절이
그리움으로 변하였구나
마음에 수많은 번뇌가 죽 끓듯 끓고
제대로 해보지도 못하고 환경에 쫓기던 시절이 있었다
이상이 크나 그것을 실행치 못한 것이
지금 생각하니 오히려 다행 중 다행이었구나
잘난 이가 못 되어
나는 나를 싫어하고 미워하고 나를 비웃고
나를 무시하고 나를 잘못된 사람이라 욕하고 살아서
그나마 나는 회개를 할 것이 없었던 모양이다

나는 잘난 것이 없었기에 항시 마음이 낮아서
못난이라 열심히 일하고 살았어라
그 결과는 먹고살기조차 힘들던 어린 시절과는 달리
나는 그나마 잘살았는지도 모른다
소리 없이 가버린 세월 속에
나는 진리를 가르친다고 가야산서 시작할 때
고독한 나의 심금을 울리던 소쩍새가 밤마다 울었다

세상에 사람들은 모두 다가
오만 가지의 생각 가지고 나를 찾아와서
오만 번뇌를 벗기기 시작하니 자기가 먹은 마음에 따라
오만 가지의 꼴값하는 것을 나는 보고
인간이 나보다 더 추하고 더 더럽고 또 악물임을
그제야 나는 알았다
나가 세상서 가장 나쁜 사람이고 못난이고
더럽고 추한 이라고 생각하고 나를 꾸짖던 것이
나의 회개임 모르는 회개였었다

도인이란 타이틀을 가지고
나는 사람들을 깨우친다
같이 밤을 지새우며 오만 번뇌 속 울고 웃던

수많은 이가 깨치면 나도 좋았던 것은 말로 형언 못 하겠다
사람이 깨치는 것을 내가 깨치는 것보다 더 좋아하고
사람의 의식이 가짜에서 진짜로 변할 때마다
좋기가 이를 데가 없는 것은
나도 세상 나서 무덤 속에 갇혀 있던 그 시절에
바깥 세상에 나오니 기분이 좋았고
이 깨침이 생전 처음 사람들이 깨쳐보는 것이라
창시자인 나로서는 사람이 이루고 있다는 것이
너무나 감격스러웠다
단계가 높아갈수록 사람들은
오만 가지 번뇌에서 그 수효가 적어졌으나
그러나 끝까지 가지고 있는 자기라는 그 틀 속서
허인 자기가 이루려고 하고 허인 자기가 깨치려고 하나
자기를 무시하지 못하여
단계를 더 올라가지 못하고 이루지 못했던 것 같다
그러나 곰처럼 놓지 않고 변하지 않고 감사하며 한 자들은
지금도 하고 있고 완성이 그나마 다 된 듯하다
소리 없이 세월은 또 흘러 십 이삼 년이 흘러갔구나
사십 중반이 넘어 시작했던 나는
머리가 희어지고 패기와 젊음이 어디론가 사라지고
초로의 늙은이가 되어 있구나

머리에는 흰머리가 많이 나 있고

이가 닳아 합죽 할아버지가 되었구나

젊을 때보다 몸이 내 마음대로 움직여지지가 않구나

세상은 넓고 인간세상 사는 나의 수명은 칠팔 십 사니

나는 세상에 할 일이 많아

밤낮이 없이 사람들께 참 이야기를 하고 깨쳐주고 있구나

세상 끝까지 사람이 꿈 깨게 해야 한다는 마음에

마음이 바쁘기만 바쁘구나

언젠가는 인간이 모두가 완성이 되어

모두가 사는 날 오기를 기다리고 또 기다린다

살아생전 세상에 진리가 전파가 되어

모든 이가 진리로 거듭나는 것이 나의 희망이다

이유도 뜻도 없이 살다가 죽고 마는 사람들이 안타깝구나

또 애절하구나

내가 열심히 하여 한 사람이라도 살게 함이 나의 뜻이다

지난 저 세상서 먹은 술

번지 없는 주막에 날은 맑고 구름이 한 점 없고
따스한 봄날이구나
동리와는 떨어진 길가에 외딴집 하나 있구나
장 보러 오고 가는 이와
동리의 사람이 찾아와서 술을 마시는 곳이구나
늙은 주모가 오래전부터 이 술집에서
생계를 유지하고 살구나
걸음에 지루한 나는 이 술집에 들러 막걸리를
한 되 시켜놓고 김치 안주에 한 잔 한 잔 따라 먹고 있는데
일하다 들러 대폿잔에 소금 안주에
벌컥벌컥 마시고는 다시 총총히 하던 일터로 가구나
맑은 물이 앞 냇가에는 흐르고
빨래하러 나온 동리의 처녀와 아낙네들이
나를 힐끔 쳐다보고 있구나
징검다리의 돌 위에 빨래를 놓고

빨랫방망이로 빨래를 치고 있구나
한 잔 두 잔 석 잔 넉 잔
다섯 여섯 잔을 마시니 한 되가 비었구나
마당에는 암탉이 노란 병아리를 데리고
꼬꼬 하며 다니고 있구나
동리가 큰 것을 보니 이 주막도
이런저런 사연의 일들을 가지고
이 술집을 찾은 이가 많았던 것 같구나
한을 안고 웃고 울던 사람도 있었을 것이고
기뻐 한잔한 이도 있었을 것이고
죽으려고 마음먹다가 술 한잔에 마음이 풀려
죽지 않은 이도 있었을 것이다
나는 낡고 허름한 주막이지만 무엇인가 정에 끌려
술 한 되를 더 시켜 마시고 있구나
주모는 그나마 머리도 반지르르하게 기름도 바르고
옷도 단정히 입었구나
주모 할매가 말하길
총각은 어디에 사는 누구인가를 묻는다
나는 사는 곳과 무엇 때문에
이 주막 길을 지나가는가를 이야기해주고 나니
주모가 고개를 끄덕인다

두 주전자의 술이 비워지니

나는 돈을 계산하고 주막을 떠나오는 길에

아지랑이가 아물아물하고

냇가를 따라가는 길에 흐르는 물소리가 나구나

파란 풀잎들이 파릇파릇 나고

물속에는 고기가 헤엄치고 다니누나

소리 없이 가다가 나도 모르게

유행가를 한 곡조 부르고 가누나

얼큰한 술김에 부르니 노래가 나 혼자 즐겁구나

일하던 농부가 나를 쳐다보고 있구나

술이 다 깰 무렵에 나는 목적지에 도달하였구나

친구를 만나 또다시 술집에 가서

술을 마시고 있구나

흐르는 주전자 술이 잔에 떨어지는 소리가 요란하구나

거나하게 취기가 온몸 돌고 혀가 꼬부라지고

나 속의 불만이 터져 나오구나

이유도 없이 빌어먹을 세상 빌어먹을 놈들 욕을 하며

친구와 나의 뜻대로 되지 않는 세상을 탓하고 있구나

저녁이 늦고 새벽이 되어서 친구 집에 잠자러 갔는데

낮부터 코가 삐게 마신 술이 취해선지

친구에 매달려 가다시피 하여

친구 방에 누워 나도 모르게 잠이 들어버렸구나
그 친구도 나와 같이 술을 좋아하여
이튿날 해장술이 또 하루 종일
이 술집 저 술집 다니며 마시고 또 마시고
이유 뜻도 없이 둘이는 마셔라 부어라 하면서
또 하루가 지났다
그다음 날에사 나는 친구 집을 떠나 내 갈 곳을 갔다
젊은 날 나는 나의 인생이
이루려던 뜻을 못 이루고
술로 허송세월을 많이 보내고
세상의 일이 마음에 들지 않아
인간이 왜 사는지 또 죽으면
어떤 이가 지옥 가고 어떤 이가 천국 가는지가
나의 심중에서는 늘 싸움을 하여
인생사가 부질없음을 나는 알고 있었던 것 같다
이렇게 저렇게 인생 살다가 내 나이가 예순을 앞두고
차로 그 길을 다시 가보니
그 주막도 없어지고 주막집 할머니도 돌아가셨고
옛 친구 집을 찾아가니 그 친구는 이디 가고
그 아들이 나를 맞는다
병으로 자기 아버지가 돌아가셨다고 한다

나는 나의 삶에 바빠서 이따금씩 친구 소식을 들었으나
가버린 정 있던 친구가 그래도 그리웠다
항시 내가 짜증 나는 이야기를 하면
빙그레 웃어주던 친구마저 없어지고
이 세상에 그 옛날에 내가 알던 사람은
모두가 흩어지고 저세상 가고 말았으니
인간세상 사는 것이 정말이지 말만 듣던 꿈이구나
세월 따라 산천도 내 속에 있는 그때 본 것과
가서 보니 모두가 달라져 있구나
인간세상 살다가 참세상에 나오니
나는 없는 사람들과 이야기를 했고
없는 사람들과 정을 나누고
웃고 울고 하며 살았던
하나의 꿈의 세상
부질없는 세상
허상의 세상
없고 없는 세상
하나의 세상을 사진 찍어 내 세상 만든
허상 속의 세상에 살았구나
있는 세상 사니 그 추억도 없고
있는 곳이 천국이고 극락이구나

세상 마음 가지니 내 마음에 세상과 세상 일이
사진이 찍히지가 않고 자유고 해탈이구나
세상을 불평하던 나도
내 뜻도 내가 이루려던 이상도 이루어지지 않았던 것에
지금 생각하니 감사하구나
못 이룬 것이 고맙구나
세상을 욕하던 나는 그 욕하는 나를
부수고 또 부수고 죽이고 죽이고
수없이 죽이고 또 죽여 없애어
세상의 마음과 하나가 되어보니
나의 헛것이 나를 괴롭혔고
나의 망상이 나를 괴롭혔고
나의 열등의식인 욕심이 나를 괴롭혔구나
소리 없이 흘러간 세월도 없어졌고
그 옛날의 추억도 지옥세계였구나
세상의 마음이 되어 사니 그지없이 편안하구나
원수가 남이 아니고 원수가 나이고
이 원수의 나를 그리고 가진 마음의 세계를
다 부수어 나를 이겼노라
세상 마음 되어 세상에 다시 나니
세상 나이만큼 살 수가 있겠구나

옛 추억

휘몰아치는 눈바람에 앞을 분간하기가 힘드누나
뉴욕인 이곳 살기가 좋은 이 시절에도
이 땅 이곳에 있는 나는 옛 추억이 그립구나
또 그 옛날 우리의 선조가
만주 벌판을 누비던 시절도 생각나게 하누나
모두가 자기의 삶 따라 자기의 생각 따라
자기의 욕심 따라 움직였을 것이다

뉴욕의 봄

봄에 피는 수많은 꽃이 만개하여 있구나
그야말로 이 광경보다 아름다운 곳이 세상에는 없구나
집집마다 길옆마다
나무에서 화단에서 핀 꽃이 너무너무나 아름답구나
여기가 바로 아름다운 천국 그 자체이구나

유럽에서 온 이들이 이곳 뉴욕에서 많이 살았고
그 옛날 인디언은 자취가 없고
서양인만 보이고 아프리카 사람들이 많이 보이누나
동양인은 그 수효가 적구나
세계의 각처에서 모여든 많은 사람들은
이민 1세는 모두 다가 제 고향을 그리워할 것이라
그 옛날의 유럽인들도 마찬가지였으리라
세월 따라 잊혀진 자기 고국도
2세가 여기서 나고 마음에만 고향이 있지

가봐도 그 옛날 고향은 없을 것이다
그 옛날에 가진 추억을 가슴에 안고
이국땅에서 먹고사느라 애쓰고 또 애썼구나
백 년 된 집들이 즐비하여 있는 것을 보니
그때가 미국은 살기가 좋았던 것 같다
많은 사람이 오고 가고 하는 가운데
정착인은 정착하여 살지만
무엇을 위해 사는지를 또 무슨 재미에 사는지를
동양인인 나로서는 이해가 잘 안 된다
이들은 이들의 형식에 따라 살아가고 있고
여기에 적응해 살아가고 또 바삐 살고 있다
자본주의의 사회로서 자본이 으뜸인 이 나라는
백여 년 동안 세계를 좌지우지하며 살았었다
지금은 자본난에 좀 힘이 들어 보인다
실업자가 많이 생기고 그 인심도 옛날 같지가 않고
일자리가 없는 이들은 먹고살기가 힘이 들 것이다
세계 각처를 돌아다녀 보아도
모두가 더 잘 먹고 살려고 노력하고 있고
돈이 없으면 마음 놓고 살 곳이 세상에는 없는 것 같다
어느 땅 어느 곳이든지 살아보고 싶은 곳도 없는 것 같다

공산주의가 무너지고
지금은 자본주의도 극에 온 것 같고
마음이 하나 되어 편히 사는 정신문명의 시대가 온 것 같다
마음이 편히 사는 세상이 와서
누구나 열심히 일하며 사는 신명이 나는 세상이 올 것이다
인간이 자기의 욕심을 빼고 분수에 맞는 삶을 살 때
사람은 더 잘살아질 것이다
모두가 한마음이 되어
남을 위해 사는 세상이야말로 지상낙원일 것이다
천극락도 이 세상이고
참인 이 세상에 난 자는 이 세상이 천극락이라
이 세상 저세상이 다름이 아니고 하나이고
이 땅 이곳에 참에 한 만큼 그냥 그대로 있을 것이고
이 자체가 살아 있는 나라에 살 것이다
사람이 지혜가 있어져서
자기의 마음속 사는 세상에서 빠져나오면
사람들은 모두 다가 잘사는 세상이 될 것이다
어디를 가도 자기의 세상이 될 것이다
편히 살 수가 있을 것이다

천지개벽의 시대

구름도 떠나가고
바람도 떠나가고
나의 망념도 떠나가고
나도 떠나가고
천지의 일체가 떠나가고
없는 가운데 존재하는 정신의 자리만 남았구나
이유 없이 부질없이 고뇌하고 바빴던 세월들 모두가
나의 망념 따라 헤매고 헤매어
바쁘기만 바빠도 갈 곳이 없었구나
소리 없이 흘러간 세월 따라
수많은 사연 사연이 모두가 잊혀져 갔으나
그것에 나라는 하나의 허상의 관념 관습이 나를 만들었구나
나의 심중에 뿌리 깊이 박힌 나의 그 마음이 주인이 되어
나는 부질없이 허상의 노예가 되어
그 관념 관습에 살아온 세월과 터무니없는 허상이

모두가 사진이었구나 알고 지워버리고
나의 존재도 허상 속에 살아 사진임 알고 벗어던지고
나의 마음속 세상마저 없애니
참마음만 남아 있구나

없애도 없어지지 않는
참마음이 진리고 창조주이고 하나님 부처님이시라
이 존재의 주인이 사람으로 나타나
이 존재의 나라에 인도하고
또 이 존재의 정신으로 다시 나게 하니
나는 생명인 정신의 나라에 다시 나
새 생명을 얻었구나
부질없는 세상사에 있었던 수많은 것을
던져버리고 없애어 버리니 이 나라밖에 없구나
나 속의 참마음의 생명의 나라에
나가 다시 나니
나는 죽지 않는 불사신이구나
수많은 예언가들이 말한 그대로
나는 다시 나고
거듭나고 살아서 영생천국엘 갔구나

천지 일체가 나 속에 다시 창조가 되고
나는 이 나라에서 죽음이 없이
영원 영원 영원 영원히 살구나
나 속에 생명이 있는지
나 속에 생명의 나라가 나 있는지를
자기가 잘 알 것이고
죽지 않음도 자기가 잘 알 것이다

흐르는 강물도 나가 있어 있고
참에는 흘러도 모두가 그것은 그것이라
그것이란 본바닥인 진리다 그 말이라
속 시끄럽게 하던 수많은 사연은 어디로 가고
나 속의 참 나라에 난 나가 이 글을 적고 있으니
이것이 기적이 아닌가
이것이 천지개벽이 아닌가
천지개벽이란
천지가 없어지고 참 나라 새 천지가 다시 나는
정신의 나라 참 정신으로 부활하는 것이 천지의 개벽이라
말만 듣던 부처님 성자 성인 신선은
꿈에도 생각지 못하던 일이 나가 되고 보니
천지의 사람이 다 죽어 있어

생명을 불어넣어서 살려야 하지 않겠는가
덧없는 세상살이에 목매어 있지 말고
모두가 참의 나라 가려면
마음을 닦아 자기가 일체 없는 자리가 참인 자리이고
그 나라 난 자는 죽음이 없이 영원히 살 것이다

이 복된 시절에 이것을 못 이루는 자는
영원히 죽고 말 것이나
산 자는 영원히 살 것이고 사람을 구원할 것이다
인간이 세상 나 할 일은 참 되는 것이고
이것을 이룬 자가 다 이룬 자다
참으로 다시 나 사는 자만이
신으로 날 것이고
이 세상에 사는 자는 이 세상 살 것이고
하늘 난 자는 하늘나라인 참에서 영원히 살 것이다
산 자가 산 자를 알고 산 자가 죽은 자도 알지만
죽은 자는 산 자도 죽은 자도 알지 못할 것이다

푸른 산천 온 대지가
있는 형상대로 있으나 없어지나
진리나라에 난 것은 진리라 없어지지 않으니

이것이 참인 것이라
자기가 고대하고 기다리는 구세주도 미륵도 정도령도
자기가 기다리는 그 망상의 존재는
영원히 기다려도 오지 않을 것이라
진리 존재가, 다시 말하면 진리가 세상 오면
바로 그 존재임 알고 진리의 말을 따라 자기를 회개하고
진리나라 나서 진리의 삶인 진리나라 일하면
그것이 진정한 복을 짓는 것이고
그것이 진정한 자기의 복이라

복은 구걸하는 것이 아니고 나가 만드는 것이라
참 나라에 복 짓는 것은
하나도 없어지지 않고 그대로 영원히 있을 것이라
하늘나라는 나 속에 있고
나의 복 지은 대로 영원 영원히 그 복으로 살 것이라
의식이 낮은 바보는 자기의 허상인 마음에다 재물을 쌓고
의식이 높은 현인은 참인 마음에다 재물을 쌓을 것이다
하늘에서 이루어진 것같이
이 땅에도 하나가 되어 순리로 사는 나라가 이루어지는 날까지
모두가 하나가 되어 노력할 것이다

참사람의 영혼은 참인 사람이 낳는다

돼지가 새끼를 낳으면 돼지를 낳고
토끼가 새끼를 낳으면 토끼 새끼를 낳고
참새가 새끼를 낳으면 참새 새끼밖에 못 낳는다
미완성인 가짜인 사람이 새끼를 낳으면
가짜인 미완성의 새끼가 나올 것이다
그러나 완성인 참사람이 새끼를 낳으면 참사람이 나올 것이다
인간이 미완성이라 완성인 자가 세상에 있다면
완성인 진리의 나라에서 완성인 진리의 몸 마음으로
다시 날 수 있게 할 수가 있을 것이다
진리의 본래가 참 영혼이기에
진리나라에 참 영혼으로 낳을 수가 있는 것은
본래인 참 영혼 자체만이 낳을 수가 있을 것이다
참사람이 참사람 낳는다

죽음이 없는 세상 주인의 세상

말없이 흘러가는 세월 따라
말없이 내 인생도 늙어 가누나
수많은 말이 있었고 수많은 고뇌와 번뇌 속에서
쉬지 못하던 나의 마음이
수많은 한과 수많은 추억들이
모두가 헛된 꿈이었구나
사람이 세상 나서 살다가 죽는 것도
모두가 헛된 꿈임을 아는 것도
인간세상에서는 알 수가 없고 참세상에 나봐야 아니
참세상 난 자가 세상에는 없으니
아는 자가 한 사람도 세상에는 없구나
구름 따라 흘러가고 바람 따라 흘러가는
인생사에 그 인생 잡고 허무하게 살아가는 사람은
죽어도 그 인생을 잡고 있어 허나라에서 헛되이 있으나
꿈이 없듯이 그것이 없는 것임을 인간이 모르구나

세상 나 사는 자는 세상의 이치 알고
세상에서 세상 되어 사니
오고 감의 세월이 없고 그냥 살아 있으나
인간세상 사는 사람은 산 자가 보이지 않는구나
말없이 흐르는 세월도 없고
산 삶도 없으니 세상의 마음이구나

나 속의 참세상 난 나는
내 마음이 세상 된 자만이
세상의 주인이 세상에 나게 하여주셨구나
인간이 왜 살고 왜 죽는가 하는 이치도
세상 일체의 이치를 알게 하심도
단지 세상의 주인이 하여주셨구나
내가 잘나 사는 세상은 귀신의 세상이었고 죽음이었구나
오직 세상 주인만이 사는 세상은
실세상인 참이고 나가 사는 세상이었구나
말없이 흘러가는 수많은 것들도
내 안에서 덧없이 가나
세상 주인의 세상에는 죽음이 없구나

나 속서 다시 난 세상은 이 땅 이곳이나

참세상인 정신의 세상이구나
천극락도 신의 나라 신선의 나라도 나 속에 있구나
이 세상이 나 속서 다시 나니
다시 난 나라는 주인의 나라이고
나의 나라이구나

영원히 없어지고 말겠느냐
영생불사신이 되어 살겠느냐

소리 없이 유유히 흐르는 강물은
어디를 가는지 알려고도 하지 않고
그냥 흘러만 가고 그 마음조차 없어
물이다라고 생각을 하지 않고 있구나
인간이 유독히 자기가 있어
매사에 부딪치고 그 원한의 마음이 수없이 많고 많구나
세상의 그림자 속 사는 인간은
탈도 많고 탓도 또한 많고 많구나
저가 만든 세상에 세상이 맞지 않고
딴 사람이 자기의 마음 같지 않아서
원망을 하고 살아가고 있구나

소리 없이 수많은 것이 세상에 왔다가 갔지만
무엇을 이루려고 하지 않고 그냥 살다가 가버리는 것이
세상의 이치고 자연의 이치라

이 세상에는 있고 없는 것이 있지만
본주인이 형상이 없고
있는 일체가 본주인의 형상이 나타난 것인데
무엇을 찾으려고 무엇을 이루려고 하는가
자연처럼 순리로 살고 자연처럼 물 흐르듯 살고
소리 없이 살다가 가고 그 원한도 없이 살다가 가는 것이
세상의 이치고 진리이나
인간이 순리인 자연의 섭리를 저버리고
자기만 위해 살려고 발버둥치다가
허상의 자기의 세계에 갇혀 죽고 말구나

이루려는 자는 이루지 못하고
자연은 자연의 섭리 따라 살아 본래로 가나
인간은 자기의 뜻에 살아 본래도 못 가고 없어지고 마는 인생을
자기만을 위해 마음의 집을 짓고
자기만을 위해 안 죽는 줄 알고 살다가 영영 죽고 마나
사람도 지혜가 있었으면 좋겠다
습 중에도 가지는 습만이 그것이 습이 되어서
가지려고만 하고 살구나
물과 나무는 또 바람과 구름과 그리고 세상에 있는 일체는
자연 따라 자연의 순리에 살아가고 있고

순응하며 사는 것은 인간처럼 그늘의 마음이 없어서라
그 마음이 살아 있는 본양의 마음이라
그 마음은 고통도 없고 시기도 없고 질투도 없고
인간이 가진 수만 가지의 가짐과 마음이 없어
이로부터 벗어난 대자유의 자리이고 해탈의 자리여서
그렇게 살 수가 있고
본래의 주인이 본래의 나라에 나게 하여 주시면
살 수가 있고 영생불사신이 되나
인간만이 유독히 자기가 만든 마음속 살아서 세상에는 없는
그 세계를 다 지워야 하기 때문에
그 집착과 그 원한의 고통 짐이 자기 것이 되어
자기 것만 맞는다고 생각하고 사나
그것은 모두가 없는 것이고 자기의 관념 관습일 뿐
그것은 세상에는 없는
세상의 그림자만 잔뜩 지고 살다가 죽고 마니
이것을 벗어던져 본바닥의 마음이 되어
그 나라에 다시 나는 자기가 있어야
영원히 사는 불사신이 될 수가 있지 않는가

쓸 것이라고는 아무것도 없고
가지고 갈 것도 아무것도 없고

이 모두가 자기의 열등의식을 가진 것이라
소리 없이 흐르는 세월의 악마에 흔적도 없이 죽고 마니
무슨 소용이 있겠는가
무슨 의미가 있겠는가
인생 사는 것은 그 이유와 목적이
꿈의 세상인 이 세상에 산 삶을 버리고
자기마저 없애 영원히 살기 위함이니
어떤 이는 없어지고 말고
어떤 이는 영생불사신이 되어 사니
이것이 기적 중에 기적이 아니겠는가

영원한 세상

푸른 하늘에는 수많은 것들이 있어도
하늘은 말없이 그냥 존재하구나
있어도 없어도 하늘이구나
본마음에 참 하늘은
푸름도 색도 맛도 냄새도 아는 것도
감각도 듣는 것 보는 것도 없는
일체가 끊어진 자리라
이 자리가 인간의 관념 관습을 넘어선 자리라
인간은 망상의 자기의 마음속 살고 있으나
인간의 마음을 영원히 살아 있는
하늘 이전 하늘의 마음으로 바꾸어
세상이 인간의 마음이 될 때 사람은 실제로 살고
영생불사신이 되어 세상인 자기 마음에서 영원히 살 것이라
인간심인 세상을 복사한 사진의 마음을 바꾸어
하늘 이전 하늘인

진리이고 정과 신이신
하늘마음으로 바꾸는 것이 도라
인간은 허상인 사진의 마음에 가지려고만 하고 살지만
또 허기져 이것저것 마음에 채우려고만 하지만
가진 자기의 마음을
더하기하는 데에는 고통과 짐일 뿐이라
미완성인 이때까지의 세상은
마음에 가지는 공부만 하여 인간이 완성이 되지 못한 것이라
자기의 마음을 빼기만 하면
인간은 진리의 마음인
하늘 이전 하늘로 되돌아가서 그 하늘의 마음이 되니
인간마음인 사진인 이 세상을 가짐이 아니고
참인 이 세상의 마음을 가지고
이 세상에 다시 나는 날
이곳이 천극락이고 이곳이 영생 하늘 자리라
살아서 천극락에 난 자가 인간 완성이 된 자라
완성이란 영원히 죽지 않아야 완성인 것이라

호랑이는 시범이놀이란
공을 찬다서 신나 합니다

다섯 번째 이야기_시

살아 있는 빈 하늘

이 빈 하늘이 본바닥이라

천지의 만상의 부모가 이 빈 하늘이고

천지만상의 주인이 이 빈 하늘이라

이 자체가 만고의 진리고 이 자체가 살아 있어

세상이 살아 있는 것이라

이 세상의 일체는 빈 하늘의 표상이라

이 빈 하늘이 살아 있기에

수만 가지가 나고 가고 하는 곳이 이곳이라   본문 중에서

천지만상은

천지만상은 참인 본바닥에서 나서
본바닥으로 다시 간다
본바닥이 살아 있어 천지만상이 살아 있고
천지만상은 그 모양의 수명이 있는 것이라
이 자체가 본바닥인
창조주의 모습이라
물질인 일체가 나고 없어지나
본바닥에 다시 난 일체는
없어지지 않는다

참과 허란

참이란 있음이고
허란 없음이고
참이란 산 것이고
허란 죽은 것이고
참이란 진리의 생명이고
허란 생명이 없는 허상이라
참은 세상의 일체이고
허란 인간의 마음과 몸이라
참은 영생불멸의 살아 있는 존재이고
허란 참 아닌 사진인 허상 자체라
허란 세상의 것을 사진 찍은 것이 허라
참은 세상이라

헛인생 삶

낮도 설고 물도 설은 타향 땅에
인척이 없는 곳에 혼자 외로이 있어 보면
갈 곳도 없고 할 일도 없을 것이다
돈도 없고 잘 곳도 없고 쉴 곳도 없으면
신세가 처량할 것이다
꿈도 많고 포부도 났던 젊은 시절에
무엇을 이루려고 무엇 하려고 했는지도 모르게
그때가 지나가고 말았구나
아스라이 피는 추억이 아름다움이 아니고
난감한 한때가 있었다
나의 인생을 그 누구도 책임을 져줄 이도 없고
나의 인생을 그 누구도 생각하고 알아줄 이도 없다
나의 망상의 꿈 따라 사는 삶이 고되고
수고가 많았던 것 같구나
흐르는 세월 따라 나도 늙어 가고

그 옛날에 슬펐던 일들이 모두가

나의 숙명이고 운명인 것이 그지없이 고맙기만 하구나

나는 잘난 이도 아니고 나는 똑똑하지도 않고

나는 가장 부족한 이라

나는 나를 많이도 꾸중하고

또 가장 나쁜 사람이다라고 항시 나를 꾸중하며 살았구나

사람들은 모두가 저가 잘나 살고 있으나

나는 잘난 것이 하나도 없고

나를 속이는 나를 용서하지 못하는 사람이었다

어차피 세월 지나 철이 들어보니

꿈같은 인생사에 이래도 저래도 괜찮았을 것을

나의 관념의 틀 속서 이것이다 저것이다

이것은 맞고 저것은 틀리고

더럽다 깨끗하다 춥다 덥다 좋다 나쁘다

시비하는 마음만이 나의 마음이었구나

인간세상에 한세상은 넘고 넘는 고비도 많고

애환도 많은 것은 나의 마음 때문이었구나

그 옛날의 살았던 삶이 모두가 없는 허상이나

인간의 마음에는 그것을 가지고 살아가니

그 짐이 많을 것이다

새 세상 나보니 아무것도 아닌

나의 인생의 한세상에 웃고 울고 목을 내놓고 살았구나
뜻 의미도 없고 세상에 없는 허상의 꿈꾸며
허송세월 보낸 것이 한스러울 뿐이구나
새 세상에는 과거도 없고 미래도 없고
보는 대로 있는 대로 세상을 보고 그 마음조차 없어
나의 삶이었던 꿈의 세상이 없어졌구나
말만 듣던 천극락은 근심 걱정이 없고 자유이고 해탈이라
나가 없어 자유고 나가 없어 해탈이고
나가 없어 그지없이 편안하구나
나가 없어 참에서 난 신이 살아 있음 알겠구나
나가 진리가 되어 꿈에서조차 생각하지 못했던
세상의 이치를 다 알게 되니 꿈인지 생시인지 알 수가 없구나
나는 못난 나를 세상에서 다 지워버리고 없애버리니
세상만 남고 세상마저 버리니 빈 하늘만 남아라
이 자체가 나의 마음이 되어
이 빈 하늘의 몸 마음으로 다시 나니
이 참인 진리인 영혼이 나가 되어 사니
그 옛날의 나는 가짜이고 참인 나가 진짜이구나
나 속에 참세상이 있고 이곳이 천극락이니
이곳에 나 있는 나가 영원히 함께 살 것이니
이 나라의 주인이 이 나라 가진 인간이 주인인 것이다

헛인생 삶에 목매어 살던 때가 없어지고 말았구나
못 이룬 꿈도 못다 한 수많은 것이 못다 한 것에 감사하구나
밖에서 구하고 찾으려던 모든 것은 모두가 헛것이고
나 속서 찾은 것은 모두가 참이구나
사람들은 모두가 거꾸로 살아 밖에서 구하기만 하려고 하나
진정한 구함은 자기 안에서 구해야 구할 수가 있고
이룰 수가 있는 것이라
자기 나름대로의 인생관과 가치관이 있지만
그것이 아닌 것은 거품인 나의 마음이 없을 때
알 수가 있을 것이다
세상의 이치도 거품을 빼면 알 수가 있을 것이다

물

흐르는 물은 흘러가고 흘러가도
물길 따라가누나
굽이치고 낙수가 되는 물은
정말이지 장관이구나
흘러 흘러 옥수가 흐르고
이것저것이 있어도 물길 따라
거침없이 가구나
수만 가지에 부딪히나
시비하지 않고 말도 없이 흘러가누나

흐르는 물길 따라 계곡 계곡을 내려오니
변함이 없고 물은 물이구나
마음이 없는 물은 걱정이 없이
어디론가 가고 또 가누나
수많은 사연이 있었으나

물은 그 마음이 없어 사연이 없구나
이래도 저래도 말도 없고 그 마음마저 없어
자유고 해탈이구나
항시 살아 있는 진리 자체이구나
본바닥의 이치를 아는 물은 본바닥이구나
있어도 없어도 부딪쳐도
이것저것이 있어도 없어도
물에 집착지 않는 물은 살아 있구나

사연 많고 이유 많고
자기의 마음 가진 인간은 부끄럽구나
창공의 마음이 되고
물의 마음 자연의 마음이 되어
본바닥에 다시 나야
신이고 신선이고 성인이고 부처가 될 것이라
죄악에 사는 사람은 부끄러움 모르고
제가 잘나 세상이 있다고 생각하고 사누나

자기 속서 찾자

나는 새는 정처 없이 날아가지만
그것도 본능에서 갈 곳 알고
그곳에서 살다가 떠나가는 철새는
제 갈 길을 가다가 죽기도 하구나
세계의 제일 높은 히말라야산을
넘어갔다가 돌아오는 철새도 있고
자유로워 보이는 새들의 삶도
항시 죽음이 도사리고 있구나
흐르는 구름 따라 자유로이 살고픈 사람도
방해하는 것이 없는 세상에서
자유로이 살고픈 생각도
정처 없이 걸림이 없이 떠나고 싶은 심정이나
가졌던 인연과 가진 것에 자유로이 떠나지 못하고
고달픈 인생사에 뜻 없는 인생사에
죽고픈 생각이 날 때도 있었으리라

갑갑한 심사에 무엇을 하여 자유가 될까
가졌던 삶을 떨쳐버리고픈 마음이
수없이 많은 것이 사람의 마음이라
이 심사에서도 처자 두고 어디론가
이국땅으로 산사로 훌쩍 떠나버리고
그것이 집착을 버림이 아니고
현실 도피하였는지 무엇 때문인지는
그 사람의 눈에 보이지 않는 열등의식의 발로일 것이다
이혼하고 동반 자살하는 것도
자기의 마음에 현실이 맞지 않아서라
모두가 자기 위한 방법이었으나 모두가 그 원한만 안고
자기를 위함이 없었던 것 같구나
먹고살기 힘들던 시절에
처자 두고 일본 가서 돈 벌어오겠다던 남편이
가서는 다시 돌아오지 않았던 것이 수가 너무 많구나
세월이 지나 청춘과부로 세월 보내다
언제나 돌아오나 눈 빠지게 기다리다가
늙어 남편이 와도 새 처자를 데리고 오기도 하고
새 처자를 두어 다시는 못 오겠다고 말하나
잃어버린 젊음을 어디서 찾고 원한만이 남구나
이런저런 수많은 사연에 사람은 삶을 살아왔지만

이것도 저것도 모두가 원한이라
가도 와도 진정한 자유는 없고 바른 삶 또한 없었다
어디로 가야 어디에 살아야 자유가 있을까 살고플까
그것을 밖에서 찾으려 하지 말고
자기의 못난 마음을 버리고 버려서
못난 자기를 없애고 없애서 못난 자기가 없으면
진정한 자유고
갈 곳 가서 잘살 수가 있을 텐데
말 없는 산천과 하나 되어
말 없는 하늘과 하나 되어
말 없는 세상과 하나 되어 살면
부족함이 없고 자유고 해탈이라
마음의 노예가 되어 이곳저곳서 자유 행복 찾아도
그 자유 행복이 없는 것이라
세상 마음과 하나가 되면
나의 헛된 마음이 없이 항시 쉬구나
항시 그 마음이 변함이 없고
마음이 오고 감이 없어
오고 가지를 않고 자유고 해탈이구나
못난 자기를 버리고 사는 자가
신선이고 부처이고 성인이라

못난 자기를 버리는 자가
말만 듣던 영생천국을 살아서 가지
이것 또한 꿈인가 생시인가
사는 곳이 천극락임 알고 살면
신명 나는 삶이 아니겠는가
푸른 창공은 말이 없으나
제 할 일을 다 하고 있고
산천도 말이 없으나
제 할 일을 다 하고 있고
인간만이 말이 많고 생각도 많으나
하나도 제대로 한 것이 하나도 없는 것이 인생이라
세상은 말이 없어 좋고
인간은 말이 많아 싫구나
저가 잘났다는 말밖에 있겠는가
무엇이 그리웁고 무엇이 해야 할 일인가
이것저것이 모두가 부질없는 꿈인 걸
그 꿈을 깨고 보면 부질없음 알고
꿈속에 허덕이지 않듯
못난 자기를 없앰이 꿈 깨는 약이라

꿈꾸지 마라

역사 속에 사라진 수많은 이야기와
수많은 사연들이 모두가 사라지고 말았구나
그때의 그들은 자기를 위하여 전쟁도 하고
모함도 하고 당리당략에 자기가 잘되기 위해
부귀영화를 위해 순간순간에 싸웠던 수많은 이는
그 순간에 살다가 세상에서 없어졌구나
영웅호걸도 왕도 신하도 백성도
그때 그 시대 따라 가고 말았구나
모두가 산 것이 자기의 마음의 종이 되어
그 마음에 가지고 쌓으려 했지만
쌓고 이룬 것이 하나도 없었구나
모두가 헛꿈 꾸다가 죽고 말았구나
흐르는 강물이 말이 없으나 제 할 일 다 하고
하늘이 말이 없으나 제 할 일 다 하고
땅이 말이 없으나 제 할 일 다 하고

자연은 말이 없으나 제 할 일 다 하고
세상 위해 살지만
인간은 무척이나 할 일이 많고 바빴으나
세상 위한 일이 하나도 없고
세상에 살지 못했고
자기 마음속에서 헛것의 노예 되어
헛꿈 꾸다가 죽고 말았으니
이것으로도 인간에게는 교훈이 되어
세상 닮으려 하지 않고 자기만 고집하다
없어지는 비통함을 몰라도 너무 몰라
아는 자만이 애타나 그 애타는 심정 아는 이도 없고
그 애타는 심정 이해하는 이도 없고
아는 이만 가슴이 타구나
자기의 이름을 꿈속의 세상에 남기려 하지 말고
자기를 세상에 남기어 영원히 사는 것에
인간의 가치가 있고
살아 있는 데에 인간의 뜻이 있음도 또한 모르니
자기의 한정된 꿈속을 살면서
꿈의 내용을 벗어나지 못하니
애통하고 애통하구나
꿈인 인간의 한세상은 칠팔 십 평생이고

그 세월 살다가 간 사람은
한 편의 자기의 꿈을 꾼 것이라
세상에는 남는 것도 남은 것도 없이
꿈처럼 연기처럼 없어지고 마니
인간의 몸 받기가 태곳적부터
그 조상에 그 조상이 또 그 조상에 그 조상이
대대손손 이어 와서 지금의 나가 있게 된 것은
극 중의 극 아닌가
자기가 사는 철이 되었으니
모든 걸 다 놓고 이 철에 들어야 하지 않겠는가
이 철에 든다는 것은
세상의 주인이 인간을 살리러 세상에 왔을 때
살아야 하지 않겠는가
자기가 살지 않으면 의미와 뜻이 있겠는가
무엇보다도 자기가 사는 일보다도
더 중요한 것이 있겠는가
가고 오고의 수많은 세월 속에
인간이 사는 때가 지금이라
지금 살지 않으면 살 때가 영영 없어지니
이때에 사는 자가 잘난 자요
못 사는 자는 못난 자라

헛꿈 꾸지 말고 정신 차려
꿈의 이야기를 꿈꾼 것을 다 버리고
꿈 깨고 세상에 나와 사는 것이
그것이 바로 사는 방법이라
물은 흘러가고 세월도 흘러가고
있는 모든 것은 모두 다가 흘러가고 없어지는 것이
자연의 이치인 순리라
없어지는 것이 안 없어지는 것이
사는 것이고 살아 있는 것이라
꿈 깨어라
꿈꾸지 마라
아무것도 아닌 것에 헛짓거리하다가
허송세월 보내다 죽지 말고
꿈속에서 세상의 주인을 배신하고
자기의 세상을 꿈속서 만들어
그곳의 주인이 되려고 하였으나
바쁘기만 바쁘고 고통 짐만 지고 자유가 없고
그 꿈의 내용에 사는 것이 헛꿈이잖느냐
주인의 것을 훔쳐다 주인 것을 꿈꾸고
살았던 것을 회개하라 사과하라
그 꿈만 버리면

주인의 세상에 다시 돌아와서

거기에 꿈속에 너를

있는 진리인 참세상에 다시 나게 하여

영원히 살려준다고 하나

사람들은 꿈만 꾸고 있구나

헛세상인 꿈속에서 헤매고 헤매나

갈 곳이 없고 꿈속 세계인 허상에서

고통 짐 지고 있구나

꿈 깨는 약이 왔다

꿈을 빼면 꿈을 깨는 것이다

그러면 새 세상이고 참의 세상이라

약 먹어라 약 먹어

제발 약 먹어라

꿈 깬 자만이 애쓰고 애타게

꿈을 못 꾸게 하고 꿈꾸는 자를 깨우고 있으나

역시 사람은 이런 것 저런 것 모르고 있구나

약 먹고 효과를 본 자가 많으면

약도 많이 먹겠지 기대하며

그 약 먹어 꿈 깨는 것만 생각하고 있구나

덧없는 인생

사람은 누구나 행복도 한 시절 불행도 한때
남이 부러워하는 가정도 그 속에는 불행이 있고
이것이 좋아지길 바라나 이루면 또 바람이 있고
인간의 행복의 바람은 자기 마음의 열등의식의 발로라
인간은 이루고 이루려고 하는 것 다 이루어도
결국은 죽고 말고 지난 한 세월이 모두가 꿈이라
그러나 인간이 영원히 사는 이치를 알고 살면
인간은 제 할 일을 똑바로 알 것이다
아무것도 아는 것이 없는 것이 인간이라
자기의 취향에 맞는 것 가지는 것만이 자기의 희망이나
그것은 망념의 발로라
세월이 흘러가고 인간의 한세상을 마친 모든 이는
모두가 세상에는 사라지고 말았구나
이루려는 수많은 것들이 모두가 한낱의 꿈이었구나
이룬 것도 한 것도 없이

사람의 생각이 남아 있는 사람은 없어지고 말았구나
인간이 세상 이치 모르는 것은
인간이 세상 나 살아보지 못해서이고 세상 나지 못해서라
세상이 있어 자기가 있는 이치 모르고
자기의 세계를 세상의 것을 본떠 만든
마음의 세상 살아 갈 곳 모르고 온 곳 모르누나
자기의 만족 위해 날뛰고만 있구나
흘러가는 세월을 막을 자가 세상에는 없으나
하나님만이 세월이 없는 세상에 나게 할 수가 있을 것이라
하나님만이 우리를 구원하실 수가 있을 것이라
구원은 세월이 없는 세상에 나게 하여 살게 하는 것이라
세월이 없어 생로병사가 없고
세월이 없어 영생불사신이라
인간은 세월을 이기지 못하나
신만이 인간을 이기고 넘어간 세상 데리고 갈 것이라
인생 삶 탓도 세월 탓도 고통 슬픔도
생로병사 탐진치칠정오욕도
인간 생인 죄 속의 세상에는 있지만
신의 세상인 참세상에는 없는 법이라

세상은 넓고 인간 삶이 한정되어 있다

소리 없이 말없이 흘러간 내 청춘과 내 젊음은
세월이 잡아먹고 말았구나
세월아 내 젊음을 되돌려다오
말없이 한 것 없이 지나간 젊음이
나를 위한 바람이 아니고
오직 나의 뜻인 세상의 사람을 구하는 시간이
너무나 짧고 세상은 넓고
힘이 없어져가고 늙어 가는 나는
나의 뜻을 세상에 널리 알리지 못하는
안타까움이 남아서일 것이다
철없는 사람이 갈 곳도 모르고 또 앎이 없어서
참을 가슴 깊이 이루려는 근기가 약하여 시간이 필요한 것 같구나
세상 사람들에게 이 참의 사실을 가슴 깊이 새기게 하지 않고
또 참의 나라 나지 않게 하고는
늙어지는 것이 원수이구나

이 복음을 자기들의 틀에 갇혀 사는 사람들에게 전하기가 힘들고
또 고정 관념 관습에 있는 사람은 그것밖에 모르니
참인 나의 뜻이 세월 따라 이곳저곳에서
조금조금씩 알아질 것이다
무엇인가 인간이 이루려고 했던 것을 못 이루고
또 가지려는 욕심이 좌절이 되고
열등의식이 채워지지가 않을 때
이 소리가 들릴 수도 있을 것이다
허상인 인간사에 잃는 것이 많고 마음이 가난하고
병든 자가 자기 위해 찾다가 보면
먼저 참에 들 수도 있는 것이라
생각하여 보면 무엇을 이루고 무슨 일 했는지
인간은 언젠가는 가족도 재물도
자기가 허물어져갈 때 사람이 정신 차리고
참 소리도 들릴 수가 있을 것이다
등 뜨시고 배부른 자 막일을 안 하듯
헛부스러기를 많이 가진 자 헛부스러기가 많아
참의 소리가 들리지가 않지
인간사의 모든 것은 애쓰고 노력한 것만큼 이루어지니
인과의 법칙이 아닌가
세월아 세월아 가지 마라 가지를 마라

세상인이 고통 짐이 벗어질 때까지
또 마음속에 갇혀 죽고 마는 사람이 구원이 될 때까지
세월아 가지 마라
한정된 인간 삶에 해야 할 일이 이 일밖에 없으나
세상이 넓어 마음이 급하구나

인간의 한세상 세상의 한세상

수많은 사람이 이 세상에
왔다가 갔고 또 오고 또 가지만
세상의 사람은 아무도
온 곳도 간 곳도 아는 자가 아무도 없구나
인간이 세상 나 사는 것도
인연에 의하여 나고 인연에 살아가고 있지만
그 누구도 인간이 왜 났는지
또 인간이 왜 사는지를 아는 자가 아무도 없다
그러나 말이 없는 저 하늘은
인간이 어디서 와서 왜 살고 어디 가는지를 알 것이다

소리 없이 흘러가는 세월 속에 사는 사람은
세월 따라 어디론가를 가버리고
세상에는 흔적이 없어라
이것도 하늘에 물어보고 하늘 되어 보면

세상에 없는 존재라

죽고 말았다, 없어지고 말았다

굳이 갔다면 지옥 속에 갔지만

지옥은 인간이 만든 복사의 나라라 없는 세계이고

망상의 세계라 없는 것이라

인간은 칠팔 십 한세상 살다가 죽고 말구나

그러나 죽지 않는 하늘이 되면

그 나라에 나서 살면 죽음이 없을 것이라

이 세상에 있는 것은 있는 것이고

세상에 없는 것은 망상인 없는 것이라

천국도 세상에 있고 극락도 세상에 있다

세상에서 영원히 죽지 않는 존재가

빈 하늘이고

이 빈 하늘이 의미가 없이 사람은 있는 줄 아나

이 빈 하늘이 살아 있는 존재이고

천지 만물만상의 부모라

이 존재가 세상의 근원이고

이 존재가 세상의 본래이고

이 존재가 세상의 본바닥이라

이 세상에서 진리라는 존재는 이 존재밖에 없는 것이라

이 진리인 우주의 빈 하늘에
빈 하늘의 재질로 다시 나지 않고는
영원이라는 단어가 성립이 되는 곳이 없다
이 빈 하늘은 물질이 아니지만
살아 있는 영과 혼으로 되어 있고
정과 신으로 되어 있고 성령 성부의 존재이고
보신 법신의 존재가 있는 것이라

이 나라가 천국이고
이 나라가 극락이라
세상에 있는 것에서
영원하고 살아 있는 존재는 여기밖에 없다
죽지 않는 세상의 한세상에 살려면
이 세상에 나는 수밖에 없다
헛망상에서 천극락 찾지 말고
실존하는 세상에서 천극락 찾는 자가
현명한 사람일 것이다
내가 보니 모든 이가 찾는 천극락은
자기의 망념의 헛천국이었다

꿈꾸는 인생과 빈 하늘

어디를 가고 어디로 가야 하는가
갈 길 모르는 사람은
꿈속서 자기 것 가지려 애쓰고 노력하구나
바쁘기는 바쁘지만 헛짓만 하구나
꿈 깬 자가 부질없음 알지만
꿈속 있는 자는 꿈속에 있기에
꿈이 부질없음 모르누나
바삐 가고 헤매나
자기의 마음속서 허상이 떠돌 뿐
진정한 참의 자리인 꿈을 깨려 하지 않구나

꿈속의 삶은 고통 짐의 삶이고
꿈속의 삶은 허상이고
꿈속의 삶은 부질없는 꿈일 뿐이지만
그 꿈꾸게 두라는 사람이 있듯이

쓰잘데가 없는 망상에서
고뇌하고 번뇌하고 고통 짐 지고 신음하나
세상 것이 아닌 자기의 것이라 또 꿈이라
소리 없는 자기의 망상이 자기가 되어
움직이는 것이 바쁘기만 바쁘지만
결국은 바빠 이룬 것이 꿈이구나
소리가 없이 흘러가는 세월처럼
소리가 없이 흘러가는 세상의 삶처럼
이런 것 저런 것 수많은 사연 또한
꿈이 되어 없어지는 꿈처럼 없어지고 말구나
꿈속서 이루려던 것도
꿈속서 찾으려는 것도
모두가 이루고 찾아도
꿈속서는 꿈이라

말없이 있는 빈 하늘은 이런저런 인간의 사연에는
전혀 개의치 않고 있고
그냥 꿈꾸는 사람만이 이런저런 사연만이 있구나
말 없는 빈 하늘은 천지만물을 내고 살게 하고
대자연의 순리의 삶 살게 하나
말 많은 사람은 자기 뜻에 산다고 산 삶이

또 꿈이구나
세상과 하나가 되지 못하고
세상의 뜻에 살지 못하고
자기 뜻에 사는 사람은 세상 나지 못해 꿈이구나
그리움도 한도 원도 옳고 그르고
싫고 좋고 이것이다 저것이다 분별하는 분별심도
또 꿈이구나
빈 하늘은 이 일체가 없어 자유구나 해탈이구나
인간의 꿈의 세계를 넘어선
말이 없고 이런저런 마음이 없는
살아 있되 삶 속에 있지 않는
빈 하늘만 존귀하구나
꿈도 없고 삶도 없으나
살아 있고 해탈이 되어 있구나
그 해탈의 경지 거룩한 자리구나

거룩하다는 것은
잡마음이 없어 거룩하고 지고한 자리라
그 일체에 속하지 않고 스스로 존귀하고
말없이 할 일 다 하는 것이 거룩하시구나
했다는 마음조차 없고 스스로 영생불사신이니 거룩하시구나

살아 있되 삶 속에 있지 않으니 또 거룩하시구나
이것이다 저것이다의 관념 관습에
속해 있지 않으니 거룩하시구나
말이 없고 계획이 없으나
순리에 의해 할 일 다 하고 있어 거룩하시구나
순리의 삶 살고 순리의 행을 하고
순리로 되어지니 거룩하시구나
춥다 덥다 추하다 더럽다 깨끗하다
좋다 나쁘다가 없으니
이것저것이 일체 없으니 거룩하시구나
이루려는 마음도 없고
이루려고도 하지 않아 거룩하시구나
욕심이라고는 하나도 없기에 거룩하시구나
물이 흘러가고 바람이 불어도
수많은 사연에도 개의치 않고
수많은 환란에도 속해 있지 않으니 거룩하시구나
어떤 조건에도 굴함도 없고 죽지 않으니
또 벗어나 있으니 거룩하시구나
세상의 주인이고 창조주이시나
한 번도 그 티를 내지 않아 거룩하시구나
세상에 일체 조건을 주어

인간과 만상을 다 살리나
살려주었다는 마음이 없어 거룩하시구나
해도 한 바가 없고
이루고도 이룬 바가 없어 거룩하시구나
이 세상에게 다 주어도
준 바가 없으니 거룩하시구나
물질 창조를 다 하시고
정신 창조를 다 하셔도
그 마음이 없으니 거룩하시구나
계획도 없고 하려는 마음도 없으나
살려주시고 생명을 주시니 거룩하시구나
다 살려주시나 그 대가도 없고
그냥 해주시니 거룩하시구나

젊은 날 섬 일주

푸른 물결이 넘실대는 막막한 바다의 한가운데
거리도 알 수가 없고 얼마를 가야 하는지도 모르는데
내가 탄 배가 한 척이 가고 있구나
파도가 예사가 아닌지
뱃전에 부딪치는 물소리가 배를 울리누나
이 배가 파도에 휩쓸리면 죽고 만다는 생각이 나구나
선장과 승무원들의 눈치를 보니
아무 일이 없는 양 자기의 일이나 하고 있구나
바다의 수많은 애절한 사연이 있지만
바다는 그 사연이 없었는 양 말이 없구나
삼면이 바다인 한국은
고기잡이 갔던 남편을 잃고 과부가 된 사람들이 많았었고
그들에게는 그 바다는 애환의 바다이었을 것이다
말없이 바람이 불고
해변가에 살던 수많은 애절한 사연의 이야기가

나의 뇌리를 스쳐가고 있구나
몇 시간을 지나 파도 소리가 잠잠해지더니
저곳 외딴섬이 보이기 시작하구나
이 먼 곳에도 군데군데에는 동리가 있는 것이
뱃전서 보니 잘 보이고 고독하다고 생각했던 것과는 달리
마을 마을이 많구나
바위로만 된 절벽이 처음 보는 것이어서 신기하고
경치가 절정이구나
검푸른 출렁이는 파도 위로는 갈매기가 날고
바위 위의 절벽이 자기의 집인 모양이다

배에서 내려 섬에 도착하니
속 시끄럽고 복잡한 도회지에 사는 사람들보다는
바다의 마음을 닮고 또 섬의 마음을 닮아서인지
온순하고 악의가 없어 보인다
이 섬을 일주하기 위해 걸어서 가는 길에는
폭포도 있고 산이 가파르기가 이를 데가 없구나
제주도의 해녀들이 돈벌이를 하러 이 먼 섬까지 와서
그들의 일행과 나는 함께 걸어가면서
그녀들은 나이가 많은 이도 있고
아낙네도 있고 처녀들도 있었다

나는 이십 대의 젊은 나이고 가다가 보니
처녀들이 나와 함께 걷고 있었다
한 처녀가 내게 말하길 해녀가 하기 싫어서인지
'아저씨 육지로 데려가 달라'는 대범한 아가씨가
그 추운 바닷물이 싫어서인지
애절히 나에게 부탁을 하는 것이었다
인연이라야 걷는 시간밖에 없었는데
무작정 그녀는 서울을 동경하고
파도와 싸우는 직업인 해녀가 무척이나 하기 싫었던 모양이다
묵묵히 말없이 걷고 있는 해녀들 일행은
힘이 없는 약자가 없는 모양이고
그들은 말없이 잘도 걷고 있었다
해가 서산에 질 무렵 산을 넘고 또 넘어가다가 보니
왔던 곳의 반대인 바다가 보이기 시작하고
바다 위에 솟아 있는 바위가 보이기 시작하고
면사무소가 있는 면이 보이기 시작하구나
이 먼 곳에도 많은 사람들이 살고 있고
옛날에는 어김없이 이 산을 통하여 걸어 다녔을
이곳 사람들은 고기를 잡지 않는 때에는
남자들은 술과 한세상 지내고 밤이면 화투 놀이에
그야말로 파도 소리와 함께한 인생을 보내고 만 것은

술집마다 남자들이 북적이고 술과 노랫가락이 우렁차구나
예나 지금이나 파도는 해변에 바위를 사정없이 때리고는 깨어져
제자리로 가고 때리고 가고 제자리로 가는 것만 그것만 하는데
사람들은 산다고 사는 삶이 모두가
자기의 마음의 노예가 되어
제 나름대로의 시름 걱정이 있는 모양이다

여인숙이 하나밖에 없는 이곳에서
나는 하룻밤을 지내기로 했다
거기에 낮에 걸어온 해녀들도 그 집에 머물렀으나
내게 말을 하던 그 해녀는 내가 그 여인숙에 있는데도
본체만체하고 자기 일행들과 함께 한 방을 얻어
나를 물끄러미 보더니 그냥 방문을 닫고 쉬는 모양이다
자기가 한 말에 아무 대꾸를 하지 않아서인지
나는 그때 그런 생각이 없고
나의 생에 쉬려고 온 섬이라
나의 뜻과는 전혀 관심이 없는 일이었다
그녀들은 거기가 온 곳이었고
이튿날 아침밥을 먹고 또 걷기 시작하였다
나는 혼자 철썩이는 바닷가를 걷고 또 걷고 걸어가는데
산꼭대기에는 또 중턱에 집이 한 채씩 보이고

아마 산에 가려 안 보이는 집도 있었을 것이다
해변가에는 십 리에 몇 채가 있는 곳도 있고
또 없는 곳도 있었다
산을 혼자 넘어오는 길에
사람을 혹시 만나면 경계하다가 그도 나를 경계하고
웃으며 말을 건네면 그 말소리가 상냥하고 악의가 없으면
이야기를 나누고 갈 길의 거리를 묻고는 헤어진다
산속에 그 옛날 육지에 살다가 이곳에 온
자기의 선조를 이야기하는 집은 시골의 집이고 초라한 집이었다
물이나 한 사발 얻어 마시고 이런저런 이야기를 하고
떠나는 나의 발길은 그들을 생각해보고 길을 걷고 있구나
흐르는 물은 골짝 골짝이라 옥수이고
이 물은 정말이지 너무나 맑고 맑은 눈이 녹아내려 차디차구나
머릿속에 수많은 인간사의 일들이
이곳 사는 사람들의 사연이
이름 없이 나고 살고 가고 한 것이
덧없음을 생각게 하구나

산속을 나와 해변가의 마을에 들리니 술집이 있어
그곳에서 막걸리를 한 되 말아놓고 술잔을 기울이고 있는데
총각은 어디서 왔느냐고 주모가 나에게 묻는다

나는 대답을 하여주고 길을 묻고는 떠나는데
얼큰한 내 몸이 피로한 줄도 모르고 걷고 또 걷구나
햇볕에 반사된 바닷물만 반짝반짝이고
자갈은 파도가 이니까 자르르자르르 소리만 나구나
이유도 뜻도 없이 걸어가는 나는
인간 삶이 모두 부질없이 한곳에서 살다가
가야만 하는 애절한 마음만 남기며 나 혼자 일주를 하였다
그 젊은 날 서울 가고 싶어 하던 해녀는
지금은 할머니가 되었을 것이고 아니면 저세상 갔는지
꿈 이야기같이 세월이 흘러갔구나
모든 것이 꿈이었구나

이것 하러 세상 왔지

어디를 가려고 그리도 바삐 가느냐
이리저리 저리이리 날뛰고 있느냐
소리도 없이 가버린 세월이 안타깝지만
잡을 수도 잡히지도 않고 있지 않는가
이 순간도 세월 따라 가버리고 나면
그 또한 잡히지도 않고
그 세월에 새긴 마음만을 나가 간직하고 있지만
세상에는 흔적조차 없지 않은가

물 흐르는 강가에 앉아서
덧없는 인생사를 가만히 생각하여 보면
이 강가에서 수많은 이가
나처럼 쉬고 앉았다 간 이가 세월 따라 가고 없어졌구나
인간은 인간의 한세상이
자기가 만든 마음속에 살아서 그 마음이 없는 것이니

허상세계에서 헛짓거리하다 허송세월을 보내고 나도
그것이 왜 그런지 생각한 이도 없고
생각조차 하지 않구나

마음이 없는 나라 새 천지는
예로부터 있었으나 간 자도 없고
인간이 갈 수가 없는 머나먼 길이라
가려고 애써도 갈 수가 없는 것은
인간은 세상에 없는 허상세계의 사람이라 갈 수가 없는 것이라
그러나 세상의 주인인 세상의 사람이 와야만이
그 먼 길을 가게 할 수가 있지 않는가
인간을 세상에 가게 하고 세상 나 살게 하는 것은
세상의 주인이 사람으로 왔을 때만이
될 수가 있는 이치도 아는 자가 세상에는 없구나
흐르는 강물 따라 정처 없이 흘러가는 물에게 물어봐도
그것에 관심이 전혀 없구나
산천 나무와 하늘에 물어봐도 또한 관심이 없구나
모두가 궁금한 것을 벗어나
자연의 이치에 사는
순리의 삶을 살아가고 있을 뿐이구나
그냥 인간이 가진 마음이 없고 그 마음이 참이라

참마음은 있되 있음 속에 있지 않고 스스로 존재하는
마음을 벗어나고 앎을 벗어나고
일체가 끊긴 그 심은 공의 심이구나
궁금한 것도 의문 의심도 없고 알려고도 하지 않고 있구나
맛도 냄새도 없고 보는 것도 없고
듣는 것도 없고 말하는 것도 없고
감각도 없고 소리도 없고
일체가 없구나
그 마음이 참마음이나 참마음이 살아 있어
천지의 일체가 참마음에서 난 것이구나

인간이 이 자체의 마음을 가지면
인간은 분명히 지혜가 있어질 것이다
일체가 끊어졌지만 천지의 이치와
인간세상의 이치와 세상의 이치를 다 알 것이다
신은 지혜 자체라 지혜로 알아지는 것이지
말씀으로 하는 것은 자기의 마음속에서
자기의 마음이 만든 말이라
하나님을 아는 것이 지혜의 근본이라고 하는 것은
하나님 자체와 하나가 되면 이 세상의 이치를 다 알 것이라
자기의 죄를 하나도 남김 없이 사하는 자만이

진리가 되어 알 수가 있을 것이다

나가 없으면
본바닥만 남고
나는 그 자체가 되어
그 나라 주인이 그 나라에 나게 하실 것이다
인간은 칠십 평생을 꿈속에서 살다가 죽고 마나
이 세상에 난 자는 세상의 한세상 사니
세상의 한세상은 영원하지 않는가
세상의 영혼으로 나면 그 세상과 하나가 되어
그 속서 세상의 나이만큼 살 수가 있지 않는가
인간이 이 세상인 지옥이고 사바의 세계에서
그 세계를 부수고 나와 참세상에 거듭나는 것이
인간 완성이고
천극락에 살아서 가니
이것보다 중요한 것이 세상에 있겠는가
무엇을 찾아가고 헤매지 말고
자기 속에 하나님 부처님이 있고
천극락도 자기 속 있으니
더럽고 죄인 마음이 다 닦이면
그 나라가 자기 속에 있을 것이라

참의 주인이 없어 죽은 자들

어디를 가야 하나
어디를 가야 하나
갈 곳 없는 사람은 말도 못 하고
가는 곳 또한 모르누나 모르누나
헛그림자 잡고 사는 사람은
헛그림자 속서 헤매고
오고 감도 모르고 있을 곳 모르누나
수없이 많은 세월 동안
수많은 이가 이 꼴로 살았구나
한없이 똑똑하고 수많은 말들로 제 잘난 척하였으나
똑똑함도 잘남도 없구나
인간이 아는 것이 아무것도 없고
수많은 이가 아는 이가 없었던 것이
아는 소리를 한 자가 없었고
알게 한 자가 없었구나

아는 자리가 세상이고 보면 세상에 있은 자가 없었구나
세상에 간 자는 세상에 가는 길을 알 것이고
세상의 이치를 아나
세상 가는 길이 없었던 것이
그것을 증명하는 것이다
세상 소리가 아닌 자기 속서 자기 소리를 지껄이는
수많은 이는 헛소리를 할 뿐이었구나
세상에는 산 자가 한 사람도 없었던 것은
산 자가 세상서 인간세상에 오지 않아서라
산 자란 세상에 사는 자로서
세상의 주인만이 스스로 나 산 자일 것이다
세상의 주인이 오지 않아
인간을 세상에 데리고 가지 못했던 것이라
세상 주인만이 세상에 데리고 갈 수가 있고
또 자기의 나라 살게 할 수가 있다
각 종교마다 수많은 이가 이 존재를 기다려도
그 마음에 세상이 없는 자들은
그 존재가 와도 가도 모른다
자기의 허상의 세상 사는 자는 세상이 없어 보지 못한다
사람은 마음에 있는 것만큼 알고 말하고 살기에
그 마음에 세상이 있어야 세상을 알 수가 있다

마귀

신과 귀신의 차이는
신은 사랑 대자대비 덕 또한 순리 자체라
그냥 보고 그냥 살고 일체를 수용하고 산다
신은 그 마음이 없고
신의 마음은 없는 마음 자체이고 진리 자체라
그냥 살고 시비 분별이 없고 다 알아
아는 것이 끊어진 마음 자체이고
신의 세계를 지혜로 알아
본다느니 또 듣는다느니 자기의 마음속에서 하는 말이 없고
보는 대로 있는 대로
그냥 보고 그냥 사는 자유요 해탈 자체라
신이 아닌 것인 마귀는 이와 반대다
아는 소리를 하고 예언을 하고
또 자기가 최고라고 하고 자기가 진리의 왕이다라고 하고
그것은 모두 다가 허상인 마귀다

사람과 귀신의 정의

사람이란
세상 사는 자가 참사람이라
세상 살지 않는 자는 없는 허상이라
귀신인 것이다
사람이 세상 나 사는 자는 사람이고
사람이 세상 나 있지 않는 자는 귀신인 것이라
세상에는 귀신이 없는 것이라
귀신은 세상에 살지 않고
세상을 복사한 세상을 자기 마음속에 가져서
허상인 사진 속에 허상인 사진이 되어 사는 것이 귀신이라
귀신은 있되 없는 것이고
완전한 세상에 살지 않고
사진인 나라 사는 것이 귀신이라

귀신 잡으러 귀신세계에 온 세상 사람

천지가 생명이나
생명인 천지를 보는 자 아는 자가 없구나
모두가 천지 아닌 자기의 마음속 갇혀
고통 신음하며 죽어 있구나
그것은 하나의 없는 세상이고
그것은 하나의 허의 세상이라
신과 사람과 모두가 하나이나
신은 세상 살고 사람은 사진 속에 갇혀 죽어 있구나
말만 듣던 신 귀신은 있고 없고의 차이라
없는 세상에 살고 있는 귀신은 없는 것이나
귀신세계 살고 있는 귀신은 있다고 생각하고 있다
일체는 세상만이 있어
세상 난 자 세상의 나이만큼 살고 살아 있구나
있음이 있음으로 나 사는 것도
신의 나라인 세상에 난 자만 살 것이다

나는 귀신을 잡으러 귀신의 세계에 와 있으니
온갖 귀신이 발악도 하고
귀신이 장난한 것이 너무너무 많아
그 허상의 나라를 못 버리누나
귀신은 덧없는 인생사에 덧없는 삶인 줄 알지만
허상만 가질 줄 알아 참도 가지는 줄 알고 있지만
그 참은 찾아가는 것이라
가지는 것이 아닌
귀신의 나라인 사진의 세계와 귀신인 자기를 없애는 것이라
그것이 진짜인 줄 알고 살아가고 있기에
그 관념 관습에 맞고 안 맞고도 그 귀신이 판단하고 있구나
쓸 것이 하나도 없으니 모두 모두 버리고
나도 버리고 처자와 전토를 버려라
영생불멸의 참인 세상 나서 사는 것은
다 버려야 갈 수가 있다고 하니
귀신들 모두가 와글와글 수많은 번뇌를 하고 있구나
귀신의 발악이라

신출귀몰이라
신이 지혜로 귀신을 다 쫓아주누나
신만이 할 수가 있구나

말만 듣던 영생천국은 다 버리고 버리는 것만이

영생 천국나라 갈 수가 있는 것이라

덧없는 인생만이

덧없는 세상만이

이 탓 저 탓 하면서

자기가 최고인 줄 알고 자기 것만 맞다고 생각하고 있다가

신이 나타나니 모두가 거짓이고 모두가 허상이나

마귀는 부끄러움을 모르고 당연시하고 있구나

없는 세상에 사는 귀신을

산 생명의 있는 세상에 나게 하여주어도

귀신은 고마움도 모르고 있구나

버려진 귀신의 세계를 또 가져 보려고만 하구나

버림이 싫어서 달아나는 마귀가 수없이 많구나

살아 있는 빈 하늘

소리도 없이 비가 오누나
빗방울이 안개와 같구나
하늘이 비어 있으나 물도 있고
구름 산소 수소 탄소 여러 가지가 있구나
하늘은 비어 있어도
지구도 가지고 태양도 가지고
달도 별도 가지고 있구나

순수하늘만 있는 진공도 있고
여러 물질이 있는 것도 있고
수만 가지를 가지고 있으나
빈 하늘은 다 품어 말없이 있구나
이 자체의 원래의 모습은 없지만
이 자체가 정과 신으로 되어 있는 것이라

빈 하늘이 창조주이고
이것저것의 어우러짐에 의하여
이것이 있으면 저것이 있고
전능 그 자체라
이 하나가 수만 가지의 형상을 내고
또 수렴하고 하구나

망상에서 무엇을 찾으려 하지 말고
있는 이 세상에서 무엇을 찾아야 바를 것이다
천극락이 하나의 망상의 세계에 있는 줄 아나
이 세상에 난 자가 천극락에 간 자임을
아는 자도 세상에는 없고
막연히 천극락에 가는 줄 아나
그 천극락은 망상의 천극락이라

사람들아
이 세상의 이치를 다 알아 천극락에 나자
수많은 세월 속에 인간이 살아왔지만
인간이 지혜가 없는 것은
지혜의 신인 세상의 주인의 입장이 되지를 못해서라
자기의 마음속 갇혀 세상에는 한 번도 가보지 못해서라

이 세상을 내가 알려면 알 수가 없고
세상이 되어 알면 알 수가 있는 것이라
이 천지가 있는 것은 또 존재하는 것은 또 난 것은
하늘이 있어 천지가 나고 사람도 만상도 난 것이라

이 빈 하늘이 본바닥이라
천지의 만상의 부모가 이 빈 하늘이고
천지만상의 주인이 이 빈 하늘이라
이 자체가 만고의 진리고 이 자체가 살아 있어
세상이 살아 있는 것이라
이 세상의 일체는 빈 하늘의 표상이라
이 빈 하늘이 살아 있기에
수만 가지가 나고 가고 하는 곳이 이곳이라

인간도 살아서 자기의 죄의 세계를 다 부수고
이 빈 하늘이 자기의 마음이 되어
본영혼인 이 나라에서
자기의 영과 혼으로 다시 나야
세상 사는 사람이고 인간이 완성되는 것이라

하느님의 뜻

이지러진 조각달이
구름에 달이 가듯이 가고 있구나
그 옛날 언제부터인지는 몰라도 저 달은 옛인들도 보았으리라
하늘의 태양도 인간이 보았으리라
말없이 흘러가는 저 물은
흘러 흘러 바다와 합쳐지나 서로가 싸움 없이 합쳐지구나
흐르는 수많은 세월 속에서 수많은 이의 열등의식에서
가지어 보려는 수많은 애환이 도처에 이야기로 남아 있고
그 사연이 역사가 되어 수도 없이 많아
헤아리지도 못하겠구나
소리 없이 흘러가는 세월 속에
세월 따라 살지 못하고
인간만이 유독히 자기의 사연 안고
세상과 하나가 되지 못하고
자기의 꿈속에서 살면서 그 꿈의 세계를 이루려고

발버둥치고 살았구나

흘러간 세월 따라 어디론가 사라지고 없어졌구나

꿈속에만 사는 인생은 꿈속에서만 헤매고 있구나

자기 꿈은 언제나 완성이 될지도 모르고

꾸기만 꾸고 있는 것이 지금이나 예나가 다를 바가 없구나

세상 나 살지 못하고

인간 한세상을 꿈만 꾸다가 사라지고 마니

옛인들이 부평초 인생이라고 했고

인간 삶이 물거품 인생

뜬구름 인생

한낱 꿈의 인생

부질없는 인생이라 했고

하루살이와 같은 인생

연기 같은 인생이라 했고

없고 없는 인생이라고 했듯이

인간세상 살다 간 모든 이가 그러했구나

모두가 지금 세상과 하나 되어 나 있지 않는 것을 보니

모두가 사라지고 말았구나

이유와 뜻도 없이 흐르는 세월을 막을 자가

세상에는 없고
그 세월 따라 사라지고
있는 모든 것들은 없어지구나
하나님이 완전하다면
인간을 왜 이렇게 고통 짐 속서 살게 하고
왜 이렇게 죽고 말게 하느냐고
의문 의심도 해보나 그것은 사람의 생각이고
하나님의 심오한 뜻은 인간을 하나님을 닮게 만들어서
하나님의 나라의 것을 복사하게 하여
자기의 가짐의 욕심을 가지게 하여
그 욕심이 인간의 씨를 번식케 하고
세상에 문명의 발전을 도모하게 하여
인간이 세상에 많을 때 그 인간을 추수하여
하늘나라에 많이 살게 함인 것이라
만일에 인간이 완성이 되게 하였으면
그 인간은 욕심이 없어 씨를 뿌리지도
또 문명이 발전되지도 않았을 것이다
이 세상에 난 물체가 하나님께서 지어 놓으셨듯이
이 세상의 물체가 영원히 하나님의 품속에서
하나님의 자식으로 다시 나야 그것이 진리라
죽음이 없이 참세상서 영원히 살 수가 있을 것이라

세상 살면서 자기가 회개하고 다 없어지면
본바닥만 남고 그 본바닥인 진리의 나라에
하나님이 부활시키어 주시면
이 세상과 더불어 영생불사신이 되어
허무한 인생 부질없는 인생 뜬구름 인생 되지 않는
산 자가 되는 때가 지금이라
이때에 모두가 자기를 회개하여
참의 나라에 들어 자기가 사는 것이
무엇보다 중요하지 않겠는가

세월 탓도 세상 탓도 남의 탓도 하지 말고
못난 자기 탓하고 없애면 세월 세상 남 탓을 하지 않으니
이것이 세상이 하나가 되고
천국 극락에 살아서 가는 방법이니
완전한 회개한 자는 영원히 살 것이다
세상 나 세상 보면 있는 대로 보는 대로가 진리이고
그 모양에 세상에 있는 삼라만상은 살아가고 있는 것이라
그것이 세상서 보면 모두가 하나이고
살아 있는 근원의 없음이 주인이구나
있음이 없음이고 없음이 있음인 근원이 본바닥이구나

살아 있다고 생각하는 것이 꿈이다
세월의 악마에 잡아먹히기 전에 자기를 살려라

사월 말에 봄을 재촉하는 비가 많이도 오구나
비가 오니 흘러간 인생사를 되돌아보니
모두가 아련한 추억 되어 있구나
모두가 부질이 없는 하나의 꿈이었구나
나를 사랑하고 나를 아끼고 나를 미워하던 모든 사람들도
어디론가 흩어지고 사라지고 말았구나
그러나 나의 마음속에 남아 있는 것은
그것이 나의 마음이 가진 사진일 뿐이구나
흘러가는 세월 속에 세상에 살았던 수많은 이도
살 적에는 요란스럽고 바빴고
자기의 열등의식을 채우려고 노력했으나
그것을 채우지 못하고
원과 한만 가지고 어디론가 사라졌구나

인간이 산다는 것도 한낱 꿈인 것은

그것이 꿈을 깨고 보면 실 아니고 허이듯
인간도 그 삶이 마찬가지라
자기 속서 보면 실인지 허인지를 몰라도
꿈 깨면 꿈이 꿈인 것 알 듯
사람의 의식이 자기 밖의 본바닥에서 보면
인간의 삶이 그야말로 본바닥에는 없는
자기의 마음의 세계에서
없는 허상을 마음인 자기 속에 갇혀 보니
꿈인지 허인지 실인지를 모르나
근원이 되어보면 그것은 정말이지 허이고 없는 것이라

인간이 산다는 것은 그 허상의 꿈속서
그 꿈의 테마대로 꿈꾸며 살아가고 있기에
죽어도 죽은 줄 모르고
살아 있다고 자기가 생각하는 것도
세상에 없어 그것도 꿈이라
내가 걸어온 길을
하나의 비디오테이프로 제작한 것이
나의 마음이라
나는 그 비디오테이프 속서 살고 있기에
세상을 몰라도 한참 모르고 있구나

세상이 진짜이고
진짜인 세상 살아야 세상의 이치를 알고
세상의 뜻을 알 수가 있으나
세상을 등지고 나의 세계 속서 살아
세상과는 거리가 먼, 뜻과 의미가 없는 나의 꿈이라
산다고 산 삶이 모두가 헛꿈 꾸다 헛것 가지다
허사가 되는 것이 인간의 삶이라 인간의 세계라
뜻도 의미도 없이 세상 나서 살다가 간 수많은 이가
모두 다가 헛짓하다 허세계 가고 말았으니
얼마나 비통한 일인가

하늘나라는 세상이라
불국토도 세상이라 천극락도 세상이라
이 나라는 공히 하나인 있는 나라라
죽지 않고 살아 있는 영생불사의 나라가 진리인 나라라
자기의 마음 닦은 자는
자기의 마음이 진리의 마음과 하나가 되어
그 속서 다시 나니
진리로 거듭나고 다시 나고 부활했구나
어디에 있든지 어디에 살든지 간에
그곳이 천극락이고 참이라 살아 있구나

세상 속의 일원이 되어 그 정신의 나라에서
죽지 않고 살구나
사람들아 헛된 삶을 살지 말고
촌음을 아껴 속죄하여
자기의 마음세계에서 나와라
말만 듣던 천국을 살아서 가자

소리 없이 흐르는 세월은
이유 뜻도 없이 사람을 잡아먹고 마는
악마의 세월임 알고
헛짓거리하지 말고 세상 나와라
이 세상의 삶이 모두가 꿈이라
꿈에서 아무리 잘살고 아무리 행복해도
그것이 실이 아니면 무슨 소용이 있는가
무슨 뜻과 의미가 있는가
세월의 악마에 잡아먹히기 전에
자기를 살려야 하지 않겠는가
세월의 악마가 없는 세상 세월이 없는 세상
그 세상 나 사는 것이 세월이 없어
죽음 또한 없지 않는가

벗이었던 술

그 옛날 젊은 시절에 나의 친구들은
술을 무척이나 좋아했었지
나도 술이 고래였지
머리에 수많은 번뇌가 죽 끓듯이 끓고 있을 때
또 고민이 있을 때
술을 한두 잔 하고 나면 그 번뇌가 사라지곤 했지
아쉬운 한숨도 원한도 술에 날려 버렸지
하고픈 것을 못 했을 때도
세상사가 힘들 때에도
이래도 저래도 술을 벗 삼아 살았었지
술을 하도 많이 마셔 코가 빨개지기도 했지
사람끼리 만나면 그 시절에는
누구나 술집을 찾아 술을 마시는 것이 으레 하는 일이었지
한두 잔에 술이 술 마시고
술의 최고의 경지는 정신이 없는 것인데

나는 배가 불러서이지 이 경지가 잘 없었던 것 같다
부어라 마셔라 하다가 보면 날 샌 날도 많았고
술을 마시면 화장실에 자주 가는 것이 귀찮았지
술이 인간사에 필요도 하지만
술이 독이 되어 술병으로 죽은 자도 많이 있었지
나는 나만큼 많이 술 마신 이가
세상에는 없다고 생각하고
술이 무척이나 센 편이었다
그렇게 많이 마셨는데 지금까지 살아 있는 것이
신기한 일이라고 나는 생각을 해본다
지금은 십여 년 동안 술을 마시지 않았지만
마음공부를 가르치면서도 초창기에 나는 술을 많이 마셨지
도를 이룬 뒤에 술은 취하지가 않았지
나의 벗이고 고독한 나를 달래주고
나의 번뇌를 없애주고 나의 원한을 달래주던 술은
나의 마음 때문에 나의 열등의식을
술이 채워주었는지도 모른다
술친구도 없어지고 술로 저세상 간 친구도 있고
나는 천성이 부지런하여 진리를 가르치는 일에도 일심이고
열심히 가르쳤던 것 같다
또 부지런함 때문에 마음수련회가

무척이나 성장한 것 같다

이따금씩 술이 생각이 나나 그 술보다는

술을 마시고 벽 없이 담소하던

그 마음이 좋아서인지도 모른다

내 속에 있었던 사연을 술에 날려 버리기도 하고

이유 뜻도 없이 마시고 마신 술은

나의 하나의 마음에서 해결이 되지 않는

인간이 세상 나오고 살고 가는 것에

풀리지 않는 수수께끼가 술을 마시게 했던 것 같기도 하다

그렇게 술 마시면서도 나는 부지런하여

세상 삶도 돈도 잘 벌고 잘살았는 것 같다

마음에 남아 있던 이 의문이 다 벗어지니

나는 한숨도 의문도 사라지고 술마저 사라졌구나

나는 원한도 고독함도 없고

이루려는 것도 없고 친구도 술도 없고

나만이 고독하게 글만 쓰고 또 쓴다

붓글씨와 글을 쓰고 또 쓰고

인간에게 참을 가장 쉽게 가르치기 위해

쓰고 또 쓰고 사는 것 같다

세상에서 가장 어려운 과목인

인간이 완성이 되고

세상이 구원이 되는 방법을 가르치니
인간의 근기가 없고 자기만 위해 살던
그야말로 의식이 죽은 자인 없는 세상에서 사는 사람을
있는 세상에 인간의 근기에 맞게 가르치려니
사람은 죽고 살고 하는 가장 중요한 일에
너무나 성의가 없는 것 같다
나는 사람들보다 백 배도 더 노력해 가르치고 있는 것 같다
모든 시간을 여기에다 바치고 있으니 말이다

많은 사람들

맑은 강물이 저 캐나다에서부터
강 따라 굽이굽이 흘러서
이곳 뉴욕까지 말없이 오랜 세월을 흘러왔을 것이다
깨끗한 물이 바다와 접하는 이 강물에는
많은 물고기가 있을 것이고 또 큰 물고기도 있을 것이다
흘러가는 강물에 자유로이 살고 있는 물고기도
조건인 제 환경에 살 것이다
세계의 경제의 중심지인 이곳 뉴욕에는
이 강이 맨해튼을 끼고 돌고
여기서 바다와 합쳐지는 곳이다
역사가 짧은 이곳도 한도 많고 원도 많고
이 나라 저 나라에서 오가는 수많은 이에
맨해튼이 바쁘고 바쁘고 총총걸음의 사람도 많구나
다들 자기의 할 일은 많지만
여기에 많은 이들은 많은 할 일이 있었을 것이다

건물도 세월이 가니 늙어 가고
이 도시를 밟았던 오고 간 많은 이도 사라졌을 것이다
그러나 하늘과 땅과 강물은 세파에도
그대로 지키고 있구나
말도 많고 사연도 많았던 수많은 이는
또 언젠가는 사라질 것이다
많고 많은 세월이 흘러가서
땅과 강물이 없어져도 하늘은 그냥 있을 것이다
그냥 있는 하늘나라에 이 세상에 있었던 것이
하늘 되어 영혼이 있으면
이 땅과 강도 영원히 있을 것이다
이것이 내 마음이 되어 내 속에 살아 있고
내 영혼이 나 있으면 죽음이 없을 것이다
인간이 바삐 살 것이 아니고
이 이치를 알고 이 나라에 나 죽지 않는 것이
가장 바쁘게 해야 할 일이 아닌가
인간이 해야 할 일은 이것밖에 없는 것이라
그러나 세상 이치를 모르는 사람은
저 할 일만 하지 세상 이치 알려고 하지 않아
많은 이가 죽고 마는 것을 보니 가슴이 갑갑하구나

완성의 나라 데려가는 자가 완성자다

오랜 세월 동안 인간은 완성을 추구하여 왔지만
인간이 완성이 되지 못하는 것은
완성자가 없어서이라
인간이 완성을 이루려고 해도 미완성인 세상 살아
완성의 세상을 모르기에 그러한 것이라
완성의 세상에서 완성된 사람이 와야
인간이 완성이 될 수가 있는 것이라
완성자란 미완성의 인간을 가르칠 수가 있고
완성의 나라 데리고 갈 수가 있는 것이라
그 완성의 나라 살 수 있게 하는 것도
완성자만이 할 수가 있는 것이라

사람이 없는 세상인 사진의 세상에 살고 있기에
허상인 사진이고 사진의 나라에 있는 것이라
세상과 겹쳐져 있으니

사람이 사진의 세상 사는 줄을 모르는 것이라
사진인 그 세계를 자기의 세계로 만들어
그 세계의 고정 관념 관습에
사람은 사는 것이라
자기 세계의 것이 맞는다고 생각하고
자기 세계의 것이 옳다고 생각하고
자기 세계의 것만 알고 있으니
이것이 맞는 것이 없는 사진인 것이다
이것이 하나의 허상인 것이다

새 시대

천지가 새 천지가 되고 천인지가 사는 때
세계의 정신의 으뜸이 되고
모든 종교를 넘어간 초종교가 되고
인간이 최고가 되는 인존시대
인간의 뜻에 인간 속에 천지가 있어
인간이 주인이라 자기의 복을 쌓고 그 복 속 사는 때
자기가 자기 속서 주인이 되고 부처가 되고 왕이 되고
자기가 세상의 주인이 되어
죽음이 없고 인간사의 무거운 고통 짐이 없고
또 좋다 나쁘다 싫다 좋다가 없다
인간이 가진 관념 관습은
자기의 마음인 허상의 자기일 뿐
세상에는 없는 것이다
말만 듣던 천국을 살아서 가고
말만 듣던 성인 신선 부처님이 부지기수로 나오고

자기의 마음의 틀 속서 죽어 있는 자가 산 자가 되고
말만 듣던 거듭나고 다시 나고 부활됨이 인간이 되고
수많은 이가 자기를 찾는다 아우성쳐도 찾지 못하다가
누구나가 찾아 다 성인이 되는 시대
인간이 꿈속에서 아는 것이 하나도 없다가
세상의 이치를 아는 시대
말씀하신 모든 것들이 이루어지는 시대
말만 듣던 영생천극락이 실현되는 시대가
지금의 시대이고
인간이 자기의 열등의식을 채우려 날뛰는 부조리가 없고
세상에 사는 사람이 하나가 되는 시대
너의 나라 나의 나라가 없고
모두가 하나가 되는 시대
종교 사상 철학이 하나가 되고
성인들이 살아 남이 잘되게 하는 시대
하늘이 낮아 하늘 살고
열등의식이 없어 부족함이 없는 시대
다시 말하면 인간의 관념 관습을 다 넘어간 시대
죽어도 죽지 않고 영원히 살고
말만 듣던 인간 완성이 되어
이 세상 저 세상이 둘이 아닌 시대라

웃음이 끊이지 않는 시대
죽어도 곡을 하지 않는 시대
인간이 지혜가 있어 번뇌 망상이 없고
어리석지 않고 열심히 일하여 살기 좋은 시대
불국토의 시대
칠정오욕으로부터 벗어나고 생로병사가 없는 시대
이 자체를 벗어나 나고 늙고 병들고 죽음이 없는 시대
이 땅 이곳이 천극락인 시대
홍익인간 이화세계가 이루어지는 시대
모두가 하나가 되어 영원히 사는 시대
신이 되어 사는 시대
부처님이 되어 사는 시대
순리로 사는 시대
욕심이 없어 도둑이 없고 강도가 없고 남을 해치지 않는 시대
법이 없어도 사는 시대는
사악한 이기적인 인간의 마음을 버리고
신의 마음으로 바꾸는 것이다
신의 나라 다시 나 사는 것이다

맺음말

세상에 물질이 나타나 이 물질이 온 곳이 본바닥이요 갈 곳도 본바닥이라. 우리나라 말에 천지에 못난 사람, 천지에 못 쓸 사람이라는 말이 있다. 이 말은 사람은 천지에 나 살지 못하여 천지에는 쓰지 못한다는 말이다. 이 물질이 세상에 진리로 다시 나 사는 것이 구원이고 인간 완성이 되는 때다.

인간의 완성은 자기 마음속에 하나님 부처님이, 하나님 나라와 극락이 인간 마음속에 있을 때 인간이 죽지 않는 참세상 나 사는 것이 완성인 것이라.

모든 종교의 경은 이때가 온다고 다 예언하였다. 이때가 사람들은 그들이 믿는 종교에서 온다고 생각하나 허가 참이 되는 때가 그때이고 가짜가 진짜가 되는 때가 그때이고 인간의 마음을 신의 마음으로 바꾸어 신의 나라인 참세상 나는 때가 그때라.

이때까지의 미완성의 시대에는 자기의 마음속에 더하기만 하던 시대에서 완성의 시대에는 자기의 마음속에 빼기를 하여 빼기를 한 것만큼 알아지는 것이 깨침이고 가짜를 빼면 진짜가 자기의 마음이 되어 진짜가 아는 것이 깨침이라 또 이렇게 하면 완성이 되는 것이라.

인간이 경을 참으로 이해 못 하고 세상의 이치를 모르는 것은 자기의 허상이고 없는 사진인 자기의 마음속에 살아서 세상 나 있지 않아 아는 것이 없는 것이라.

세상인 주인을 등지고 자기의 마음세계인 세상을 복사한 마음에는 생명이 없기에 여기에 사는 사람은 죽어 있고 또 아는 것이 아무것도 없고 그 허상세계에서 죽고 말 것이라.

그러나 사람이 허상인 자기 마음세계를 버리고 참인 세상에 나 사는 자는 살아서 천극락에 나 살 것이니 이것은 거짓인 자기의 마음을 빼기하는 길만이 완성이 될 수가 있을 것이나, 거짓세상에 살고 있는 사람은 자기가 죽어 있어도 죽은 줄 모르나 산 세상 사는 사람은 죽어 있음을 안타까워할 것이다.

하나님 부처님이란 참이고 진리라. 하나님 부처님이고 진리인 이 자체의 몸 마음으로 다시 난 자만이 영원히 이 땅 이곳에서 사는 것이 모든 종교에서 이야기한 궁극적인 목적이고 이것이 이루어지는 곳이 있다면 가서 우리는 죽어 있는 나를 살려야 하지 않겠는가.

빼기를 하면 완성인 진리로 이루어지는 이때에 우리는 거짓된 나를 버리고 참이 되어 영생불멸의 불사신이 되어야 하지 않겠는가.

말로만 진리를 말하던 시대는 끝이 나고 이제는 자기가 완성이 되는 시대가 도래하였음을 우리 모두는 기쁘게 환영하고 또 거짓인 자기를 버리고 빼야만 하지 않겠는가.

우명 쓰다.